LA
FIXATION LÉGALE
DES SALAIRES

Expériences de l'Angleterre, de l'Australie et du Canada

PAR

R. BRODA

Professeur au Collège libre des Sciences sociales
Directeur des *Documents du Progrès*

PARIS

M. GIARD ET E. BRIÈRE, LIBRAIRES-ÉDITEURS

16, RUE SOUFFLOT, 16

1912

INSTITUT INTERNATIONAL
pour la Diffusion des Expériences sociales

*(Extrait du procès-verbal de la séance du Comité
de direction du 16 décembre 1911)*

L'Institut international pour la diffusion des expériences sociales approuve le projet du gouvernement français proposant un minimum de salaire pour les ouvrières en chambre en suivant l'exemple que les pays britanniques ont donné par leur remarquable et heureuse expérience d'un minimum de salaire comme moyen de relever la misère des ouvrières en chambre.

L'Institut se croit toutefois obligé d'attirer l'attention de l'opinion sur les défectuosités des moyens d'application de la loi prévus dans le projet du gouvernement. Il éditera dans ce but un livre : *La fixation légale des salaires* (expériences de l'Angleterre, de l'Australie et du Canada), par le Dr R. Broda, et une petite brochure : *Comment on pourrait diminuer la misère des ouvrières en chambre*, du même auteur.

Le livre, et surtout la brochure, seront tirés à un très grand nombre d'exemplaires afin d'éclairer l'opinion publique sur l'enseignement à tirer, pour la solution du problème, des expériences australiennes et anglaises.

L'Institut organisera, dans ce même but de vulgarisation, des réunions publiques et priera, en outre, les membres de son comité de direction appartenant à la Chambre des députés et au Sénat de faire valoir ces documents pour qu'on apporte au projet de loi les modifications qui, seules, peuvent assurer une application utile.

LA FIXATION LÉGALE DES SALAIRES

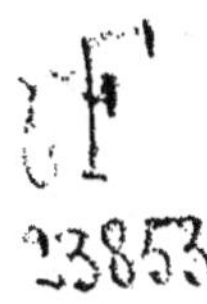

STATUTS

DE

L'INSTITUT INTERNATIONAL POUR LA DIFFUSION

des Expériences sociales,

votés en l'assemblée générale du 1er avril 1911.

Art. 1. — Il est formé entre les personnes qui adhèrent aux présents statuts, une association déclarée régie par la loi du 1er juillet 1901. Cette association prend le nom d' « Institut international pour la diffusion des expériences sociales ».

Art. 2. — Le siège de l'association est fixé à Paris.

Art. 3. — L'association a pour but de se documenter sur les expériences sociales, morales, intellectuelles, etc., faites par tous les peuples civilisés, d'approfondir les idées qui s'en dégagent et de les utiliser pour une œuvre de réformes méthodiques.

Elle disposera, pour atteindre ce but, des moyens d'action suivants :

1° Publication de revues consacrées à l'étude des progrès réalisés par les diverses nations, à savoir : Les *Documents du progrès* et les *Dokumente des Fortschritts*, organes de l'Institut, ainsi que les revues anglaise et russe qui lui sont affiliées.

2° Publication de monographies sur des problèmes de réformes particulièrement importants.

3° Organisation d'enquêtes internationales et de congrès internationaux pour élucider certaines questions sociales, morales, intellectuelles, etc.

4° Fonctionnement d'un bureau international de renseignements sur les réformes réalisées dans les divers pays.

5° Organisation dans les principales villes d'Europe et, éventuellement, des autres parties du monde, de conférences sur les projets de réformes à l'ordre du jour. Il sera principalement fait appel dans ce but à d'éminentes personnalités étrangères qui, en exposant les expériences faites dans leur patrie, indiqueront la voie à suivre pour réaliser à l'étranger les réformes en question.

6° Publication d'appels à l'opinion publique et aux assemblées délibérantes des États où une réforme sociale, morale, etc., en dehors de toute politique de parti, préoccupe les esprits. Dans ces appels, seront exposées toutes les données recueillies dans les divers pays et susceptibles de contribuer à la solution du problème.

7° Établissement d'une entente internationale au sujet des questions qui nécessitent l'action simultanée et unanime des différents peuples civilisés.

Art. 5. — L'association se compose de membres titulaires et de membres actifs.

Peuvent être membres titulaires les personnes de toute nationalité *qui se sont distinguées par les services rendus aux œuvres de réforme sociale, morale, etc.* Ces membres sont nommés par le comité de direction de l'Institut.

Art. 7. — La qualité de membre *actif* s'acquiert par une demande adressée à l'Institut et par le paiement d'une cotisation annuelle.

LA
FIXATION LÉGALE
DES SALAIRES

Expériences de l'Angleterre, de l'Australie et du Canada

PAR

R. BRODA

Professeur au Collège libre des sciences sociales
Directeur des *Documents du Progrès*

PARIS

M. GIARD ET E. BRIÈRE, LIBRAIRES-ÉDITEURS

16, Rue Soufflot, 16

1912

PRÉFACE

En juin 1911, le Comité de l'Institut international pour la diffusion des expériences sociales a décidé d'engager simultanément en France, en Allemagne et en Autriche, une campagne en faveur d'une réglementation légale du travail à domicile.

Ayant rassemblé, durant notre séjour en Australie, au Canada et en Angleterre, de nombreux matériaux sur cette question, nous fûmes chargé de les présenter dans un volume qui servirait de base à l'action de l'Institut.

Or, nous préparions depuis quelque temps déjà une étude scientifique sur la réglementation légale des conditions de travail et de salaires, réglementation que nous considérons comme un plus haut niveau d'évolution de notre ordre social. Nous avons donc décidé d'adapter notre étude aux nécessités pratiques de l'action entreprise par cet Institut, action dont le succès sera un immense bienfait pour une légion de malheureux travailleurs des deux sexes : les ouvriers et ouvrières en chambre. Car nous avons la conviction que c'est dans *l'industrie à domicile* que se fait sentir le plus vivement, et dès aujourd'hui, le besoin de cette réglementation légale, puisque toutes les méthodes auxquelles les autres catégories d'ouvriers ont recours pour défendre leurs intérêts, sont ici inapplicables.

On commence du reste à comprendre, en France, dans les milieux dirigeants, l'urgence de cette réforme, ainsi qu'en témoigne le projet de loi déposé par le gouvernement, le 7 novembre 1911. Mais ce projet a encore besoin d'être amélioré sur bien des points. Il est notamment indispensable, pour que la loi ait une efficacité réelle, que les inspecteurs du travail soient chargés de contrôler si les salaires minima sont véritablement payés et qu'une amende soit infligée pour toute contravention, au lieu d'autoriser simplement, comme le voudrait le projet, une action civile pour réclamer la différence entre le salaire reçu par l'intéressé et celui auquel il avait droit. Ce n'est qu'à ce contrôle officiel et à l'action coercitive de l'État que sont dus les heureux résultats des législations australienne et anglaise.

Conformément au but pratique que nous nous proposions, nous avons cru devoir ensuite exposer en détail les expériences modèles de l'État australien de Victoria, d'après les documents officiels que nous avons recueillis dans ce pays où nous avons même assisté aux délibérations de certains comités de salaires. Ces expériences prouveront au lecteur la possibilité et l'utilité de la fixation légale d'un minimum de salaire. Nous avons cru aussi devoir donner un assez long historique des débuts des comités de salaires anglais qui, en fixant des salaires minima pour les ouvriers de fabrique et les ouvriers en chambre de quatre industries où les conditions de travail étaient particulièrement mauvaises, ont obtenu aussitôt d'excellents résultats. Ce nouvel exemple sera une arme de plus pour les partisans de cette réforme en France.

Dans les chapitres suivants, et conformément à l'idée fondamentale qui nous avait fait entreprendre cette étude, nous avons essayé de montrer la nécessité d'introduire aussi dans d'autres industries le principe de la réglementation légale. Il s'agit des industries, telles que les chemins de fer, où tout arrêt dans l'exploitation met en danger des intérêts publics. Il faut, ici, substituer aux méthodes anarchiques de la grève et du lock-out les méthodes imaginées par le Canada et l'Australie, et préparer ainsi l'avènement d'une ère où les conditions de salaires et de travail ne seront plus dictées que par la science, par les exigences de l'hygiène sociale et du progrès de l'économie nationale. Sans nous arrêter à rechercher si ces méthodes plus rationnelles représentent ou non le dernier terme de l'évolution, nous avons cru devoir indiquer ces perspectives d'avenir, mais en gardant toujours en vue la réforme si urgente qu'est la fixation légale des conditions de travail et de salaires dans les industries à domicile et dans les industries d'intérêt général.

Puisse cette étude montrer à l'opinion publique que des revendications, encore considérées souvent comme utopiques, sont déjà devenues des réalités vivantes dans les principaux pays civilisés d'outre-mer, que l'Angleterre, jouant le rôle d'intermédiaire entre les jeunes nations de race anglo-saxonne et les peuples de notre continent, a fait un pas décisif en introduisant en Europe ces institutions nouvelles, et que la question qui se pose maintenant n'est plus de savoir si ces idées triompheront, mais lequel des Etats du continent tiendra à s'assurer l'honneur d'être entré le premier dans cette voie.

En terminant, nous exprimons nos plus sincères remerciements à tous les amis qui, dévoués à l'œuvre entreprise par nous, ont mis à notre disposition d'importants documents originaux, ainsi qu'à MM. Henri Buriot-Darsiles et Fernand Mazade, qui nous ont apporté, pour la rédaction de ce livre, un très précieux concours.

Paris, janvier 1912.

R. BRODA.

LA FIXATION LÉGALE DES SALAIRES

CHAPITRE I

FIXATIONS LÉGALES DE SALAIRES DANS LE PASSÉ

Beaucoup de gens s'imaginent aujourd'hui que l'unique fixation possible des salaires ouvriers est celle qui résulte du jeu de la loi de l'offre et de la demande.

L'étude que nous entreprenons ici essaiera de montrer que si cette loi-là domine en effet notre époque, c'est à une réglementation légale des conditions de travail et de salaires que l'avenir appartient.

Du reste, les recherches des historiens ont établi, sans conteste, qu'une telle réglementation légale a souvent été mise en pratique dans le passé, jusqu'au début du XIXᵉ siècle. Nous citerons seulement quelques exemples pris dans les temps modernes, l'esclavage antique et les conditions du travail agricole dans la première moitié du moyen âge étant trop disparates pour pouvoir entrer ici en ligne de compte.

En France, au XVIᵉ siècle, la royauté essaya à diverses reprises de régler par ordonnances les salaires de certains corps de métiers. Ainsi, une ordonnance de 1572 fixait le salaire des maçons, charpentiers et tailleurs de pierre à 12 sous et celui des manœuvres, laboureurs et vignerons à 6 sous, « sans qu'ils puissent, ne leur soit loisible prendre ne recevoir plus grand prix et salaire ». Cette ordonnance réglait aussi la durée du travail : « et besongneront à cinq heures du matin, dès le premier avril, jusqu'au quinziesme septembre, et finiront à sept heures du soir ; et le reste de l'année à six heures du matin, et finiront à six heures du soir ». Il s'agissait donc ici d'un *maximum* de salaire, et le but visé par ces ordonnances était, en effet, d'enrayer la hausse croissante du prix de la main-d'œuvre. Il faut dire d'ailleurs que, en même temps, et toujours par la même voie, on essayait de combattre le renchérissement de la vie en dressant un tarif des denrées : un pigeon, par exemple, devait se payer douze deniers, un gros poulet vingt deniers, une perdrix cinq sous, une bécasse quatre sous et une sarcelle trois sous. Et cette ordonnance royale de 1372 sur les salaires ne fut pas la seule du genre ; un certain nombre de municipalités réglementèrent aussi, dans le même sens, le prix de la journée de travail.

Des exemples analogues se retrouvent au XVIII° siècle, où les ordonnances municipales ou royales établissant un maximum de salaire n'étaient pas rares. Du reste, les administrations publiques ne prenaient pas toujours ces mesures en faveur des maîtres et contre les salariés ; elles étaient regardées, ainsi que la taxation du pain et de la viande, comme étant du ressort de la police. Ainsi, quand, en 1760, la ville d'Alais fixa le salaire des journaliers de la terre pour les quatre saisons de l'année, elle déclara le faire « afin que les propriétaires n'abusent pas de la misère des ouvriers en hiver et que les ouvriers n'abusent pas de la nécessité des bras en été ». Citons encore un arrêt du 2 janvier 1749, fixant les prix et les salaires dans les forges et fourneaux ; un arrêt du conseil de Sedan du 23 juillet 1750, prescrivant « un salaire de 1 sou 3 deniers par heure de convention » ; un arrêt du parlement de Provence de 1781, défendant de donner aux garçons cordonniers de Marseille plus de 24 sous quand ils étaient logés et plus de 22 quand ils ne l'étaient pas ; un tarif des calfats de Marseille, datant de 1726, qui était de 36 à 30 sous pour les chefs d'ouvrage et maîtres, de 20 sous pour les compagnons et de 10 pour les apprentis, avec défense pour les salariés de demander et pour les salariants d'offrir davantage ; etc. (1).

En Allemagne, depuis le xiv° siècle, les autorités municipales eurent souvent le droit de fixer le salaire des ouvriers ; plus tard, ce droit, souvent réclamé aussi par les corporations, fut exercé moitié par les villes, moitié par l'Etat ou par le souverain. C'est surtout dans l'industrie du bâtiment, où, aujourd'hui même, la nécessité de contrats de travail collectifs se fait particulièrement sentir, que, dès le xiv° siècle, les autorités communales procédèrent à la fixation des salaires. Citons, par exemple, une ordonnance de la ville de Spire datant de 1342 et qui réglementait les salaires des tailleurs de pierres, maçons, charpentiers, couvreurs, etc.

A partir du xvi° siècle, les salaires des domestiques et des ouvriers sont fixés, de plus en plus fréquemment, par le pouvoir souverain lui-même. Ainsi, une ordonnance wurtembergeoise de 1567 détermine d'une façon détaillée les salaires des ouvriers industriels et agricoles. Les siècles suivants virent aussi promulguer de nombreuses ordonnances de ce genre, dont beaucoup, comme les ordonnances françaises rappelées ci-dessus, étaient en faveur des patrons et n'établissaient qu'un *maximum* de salaire : tel était le cas pour les statuts promulgués en Autriche, en 1711 et 1722, et concernant les ouvriers du bâtiment. Les idées mercantiles de l'époque, le désir de fortifier d'une façon générale la situation des employeurs, peut-être aussi l'idée qu'il fallait protéger les petits patrons contre la concurrence des grands industriels capables d'attirer les ouvriers en leur offrant des salaires supérieurs,

(1) Tous ces renseignements sont extraits de l'intéressant ouvrage de M. E. Levasseur, *Histoire des classes ouvrières et de l'industrie en France avant 1789.* 2° édit., A. Rousseau, Paris, 1901. Tome II, p. 73, 75, 76, 381 (note), 834, 836.

telles furent probablement les causes de cet étrange phénomène.

Mais ces fixations d'un maximum de salaire devinrent de plus en plus rares vers le milieu du XVIII° siècle, et furent totalement abrogées en Autriche par une proclamation en date du 1er septembre 1773.

C'est à peu près vers la même époque qu'eurent lieu, en Suisse, les premières tentatives sérieuses d'établir un *minimum de salaire légal*. Dès 1674 et 1675, on avait promulgué, dans le canton de Zurich, des taxes de salaires en vue de protéger les ouvriers en chambre, notamment dans l'industrie de la gaze et de la soierie, et de mettre des bornes à l'exploitation dont ils étaient victimes de la part de leurs employeurs. Mais ce n'est qu'en 1717 qu'une loi sur les manufactures vint fixer de véritables salaires minima, et cela pour les industries suivantes : manufactures d'étoffes de laine, manufactures de soieries, fabriques de fils et de tissus d'or et d'argent, manufactures d'étoffes de coton, et fabriques de bas. Il s'agissait ici de salaires aux pièces, déterminés avec assez de précision pour chaque genre de travail. De plus, la loi prévoyait l'introduction éventuelle de nouveaux procédés et renfermait des dispositions spéciales permettant de modifier en conséquence les salaires fixés.

Mais c'est en Angleterre que l'intervention de l'État en matière de salaires s'est exercée, du XIII° siècle au XVIII° siècle, de la façon la plus continue et la plus manifeste. Dès 1351 avait été promulgué, pour mettre fin à l'agitation qui régnait alors dans le monde ouvrier, le *First Statute of Labourers*, lequel déterminait les salaires dans les plus diverses branches de l'industrie. Si ce statut, ainsi que plusieurs autres qui vinrent ensuite, fixait surtout, lui aussi, des salaires maxima, une loi de 1563 se rapproche davantage de notre idée moderne d'un *minimum* de salaire légal. En

1603, une autre loi supprima les dispositions pénales visant les ouvriers qui cherchaient à obtenir plus que le salaire maximum, et en introduisit de nouvelles, dirigées contre les patrons qui ne paieraient pas les salaires minima établis par la loi (1).

Ce ne fut qu'au xviii° siècle que l'Etat cessa de réglementer les salaires et confia (en 1747) aux juges de paix la mission d'aplanir les différends entre ouvriers et patrons. Le rapide et fébrile développement de l'industrie anglaise depuis le milieu de ce siècle, les modifications qui s'opérèrent alors dans les conceptions des économistes et le complet triomphe du principe de non intervention de l'Etat dans la vie industrielle firent disparaître les derniers vestiges de réglementation légale des salaires. Des motions proposant l'établissement de tarifs minima furent bien proposées au parlement anglais en 1795, en 1800 et en 1808, mais chaque fois sans succès.

(1) W. Cunningham: The Growth of english industry and commerce.

CHAPITRE II

LE PROBLÈME A NOTRE ÉPOQUE

Au xix⁰ siècle, ce fut le libre jeu des forces économiques qui détermina partout, dans l'industrie, les
conditions de travail et de salaires. La « loi » de
l'offre et de la demande devait seule régner sur le marché du travail, comme sur tous les autres marchés.

Des années se passèrent avant que l'opinion publique s'aperçût de la déplorable erreur qu'elle avait
commise en assimilant le rapport qui existe entre le
vendeur et l'acheteur d'une marchandise quelconque
et celui dans lequel se trouvent le vendeur et l'acheteur de cette « marchandise » d'un genre spécial qui
s'appelle la main-d'œuvre; avant qu'elle comprît que
l'ouvrier isolé, menacé de la faim s'il ne vend pas son
travail, ne peut traiter d'égal à égal avec l'entrepreneur; que, de par la nature même des choses, le salarié prétendu libre finissait par tomber sous la dépen-
dance absolue de l'employeur et qu'il se constituait
ainsi une nouvelle espèce de servage, dépourvue d'ailleurs des traditions qui pouvaient jadis en atténuer la
rigueur; que l'absence de toute législation protectrice
des travailleurs avait pour conséquence des journées
de travail démesurément longues, l'utilisation, si
funeste pour l'hygiène de la race, de la main-d'œuvre
enfantine et féminine, et souvent des salaires si bas
qu'ils ne permettaient plus aux ouvriers, surtout à ceux
des grandes villes où la vie est particulièrement difficile, de s'assurer la nourriture et le logement néces-

saires à la conservation de leurs forces, forces qui font
la puissance de la nation.

Cependant, il fallut bientôt reconnaître que l'action
combinée de ces divers facteurs amenait une dégénérescence physique de la population ouvrière, et que,
après cette dégénérescence physique et particulièrement par suite de la dissolution de la famille, résultat
du travail des femmes et des enfants, une dégénérescence morale commençait aussi à se manifester (1).

Les Anglais furent les premiers à s'apercevoir de ce
danger et à en sentir la gravité. Dès la première moitié
du XIXᵉ siècle, ils se décidèrent donc à réformer peu à
peu cet état de choses, au moins en ce qui concernait
les conditions du travail, en substituant au libre
accord des deux groupes d'intéressés des dispositions
légales, en créant une législation de protection
ouvrière. La France, l'Allemagne, l'Autriche et la plupart des autres Etats civilisés suivirent cet exemple :
on apporta des restrictions à l'emploi des femmes et
des enfants, on fixa même, çà et là, le maximum de la
journée de travail pour les adultes de sexe masculin,
on veilla à l'hygiène des locaux que des fonctionnaires
furent chargés d'inspecter, etc.

Le développement de cette législation, favorisé et
rendu uniforme par l'action de sociétés influentes telles
que l'*Association internationale pour la protection légale
des travailleurs*, ne cesse de se poursuivre ; ces années
dernières surtout, il a fait de grands progrès : nous
citerons notamment les conventions internationales
interdisant le travail de nuit des femmes et certains
procédés, nuisibles à la santé, en usage dans la fabrication des allumettes ; la loi française établissant la
journée de dix heures, et les lois autrichienne et
anglaise fixant à neuf heures ou à huit heures la durée

---

(1) Cette question se trouve traitée plus en détail dans *Le Prolétariat moderne*, étude de psychologie sociale, par R. Broda et Julius
Deutsch, monographie qui, publiée par l'Institut international pour
la diffusion des expériences sociales, est actuellement sous presse.

du travail quotidien dans les mines. On peut donc dire, en toute certitude, que la réglementation des conditions du *travail* dans l'industrie rentre de plus en plus dans les attributions des pouvoirs publics et que la *loi*, née de la science et de la justice sociale, remplace de plus en plus l'arbitraire et l'action aveugle des forces économiques.

Si donc nous pouvons déjà, en nous appuyant sur l'expérience actuelle de l'Europe, affirmer nettement la possibilité de réglementer d'une façon légale les conditions du travail industriel, s'il est même de toute évidence que l'on se rapproche pas à pas de ce but, il faut reconnaître, par contre, que l'évolution parallèle, celle qui doit conduire à la fixation légale des conditions de *salaires*, est bien loin d'être aussi avancée. Sur notre continent, il ne s'est encore produit, dans ce domaine, aucune intervention directe de l'Etat. En ce qui concerne l'industrie privée, on ne peut guère trouver d'indices d'une tendance en ce sens que dans certaines mesures protectrices dont sont entourés au Danemark, en Suède et en Angleterre, les contrats de travail collectifs librement conclus entre les parties intéressées.

Notons d'ailleurs que les syndicats ouvriers avec, comme arme de combat, la *grève*, ont réalisé un certain équilibre entre employeurs et salariés. Donc, ici aussi, la théorie des économistes de la vieille école, qui prétendaient que le libre jeu de l'offre et de la demande pouvait régler d'une façon satisfaisante la question du salaire, cette théorie est depuis longtemps démentie par les faits ; seulement, ce qui s'est substitué à la « loi » de l'offre et de la demande, ce n'est pas la loi organique, mais la lutte des groupements d'intérêts organisés.

Ce n'est que dans les pays du continent qui ont nationalisé certaines industries telles que mines, chemins de fer, etc., et dans ces industries exploitées directement par l'Etat, que la loi, expression de la volonté nationale, est devenue un facteur réglementant les salaires. Les traitements et les pensions des employés de l'Etat ne sont pas fixés en se plaçant au point de vue de l'offre et de la demande, mais au point de vue de l'équité et d'une utilité supérieure.

Il en est de même pour les entreprises communales : dans quelques localités, par exemple à Paris, les conditions de travail et de salaires dans les entreprises concédées par la ville (omnibus, tramways, etc.) ont été réglées, dans leurs grandes lignes, par les « cahiers des charges » rédigés par la municipalité. Mais, actuellement, et dans tous les Etats civilisés, ces entreprises publiques passent tout à fait à l'arrière-plan en face de l'industrie privée. Et, pour cette dernière, on admet encore, en général, qu'une réglementation légale des salaires constituerait une intolérable atteinte à la liberté des intéressés. Vouloir attaquer de front cette position, ce serait, pour le moment, courir à un échec presque certain.

Pourtant, ces années dernières, on a commencé à reconnaître que, même dans l'industrie privée, le problème ne se pose pas partout d'une façon uniforme. On a compris que, si l'on peut dire avec quelque raison que les syndicats suffisent généralement à établir l'équilibre entre patrons et ouvriers et qu'il existe ainsi un mécanisme, sinon satisfaisant, du moins suffisant pour la fixation des salaires, les grèves et les lock-out, devenus de plus en plus fréquents, causent cependant de très grands préjudices aux intéressés et souvent aussi à des tiers, et que ces préjudices deviennent particulièrement considérables quand il s'agit de grèves dans les chemins de fer ou dans les mines, dans les postes et télégraphes, dans les usines électriques ou dans les autres services publics de la continuité desquels dépend la vie économique. On s'est rendu compte que, *dans ces services publics, la grève et le lock-out ne peuvent être un moyen de fixer les salaires* et qu'il faut, à cet effet, employer d'autres méthodes.

Tandis que, après chaque crise de ce genre et surtout après celles qu'eurent à traverser tout récemment la France, l'Italie et l'Angleterre, ces problèmes faisaient l'objet de discussions passionnées, sociologues et philanthropes commençaient à dénoncer également un autre inconvénient qui, s'il ne se manifeste pas sous la forme de luttes bruyantes et d'un ébranlement de la vie nationale, est certainement tout aussi grave puisqu'il plonge dans la misère des milliers, des myriades d'hommes et de femmes : le manque d'équilibre entre employeurs et employés dans l'*industrie à domicile*.

La cohésion qui s'établit entre ouvriers travaillant en atelier n'existe pas pour ces isolés que sont les travailleurs à domicile, enfermés dans leurs étroits logis. Nulle part, ou à peu près, il n'a pu se constituer de syndicat d'ouvriers en chambre et, par conséquent, des grèves sont ici impossibles : *les méthodes employées pour fixer les salaires dans le reste de l'industrie, méthodes qui, pour anarchiques qu'elles soient, n'en ont pas moins une certaine efficacité, sont absolument inapplicables aux industries en chambre.* Tandis que, ailleurs, les intérêts patronaux et la force des syndicats pèsent d'un poids presque égal, ici, l'un des plateaux est vide et, seul, l'intérêt des patrons fait pencher la balance. Et alors les conditions de travail et de salaires empirent de plus en plus jusqu'à ce qu'elles se réduisent au minimum d'existence, quand elles ne tombent pas au-dessous de ce minimum. Mal nourris, mal logés, surmenés par des journées de travail démesurément longues, les ouvriers sont condamnés au dépérissement et à la mort prématurée.

Aussi comprend-on de plus en plus en Europe ce que l'Australie a reconnu depuis longtemps et ce que l'Angleterre vient aussi de reconnaître, à savoir que la fixation légale des conditions de travail et de salaires dans les industries à domicile est l'unique moyen de remédier à cette déplorable situation.

Nous allons montrer, dans cette étude, d'une part,

les méthodes imaginées en Australie et en Angleterre
pour réaliser, d'une façon efficace et donnant satisfaction à tous les intérêts légitimes, cette fixation des
conditions de travail et de salaires dans ces industries,
et, d'autre part, les premiers essais tentés au Canada,
en Nouvelle-Zélande et en Angleterre pour faire béné-
ficier d'une réglementation analogue les ouvriers occupés dans des services publics.

Enfin, nous essaierons de montrer comment les succès obtenus avec ces deux méthodes ont, dans certaines contrées particulièrement favorisées, en tête desquelles il faut citer l'Etat australien de Victoria, décidé
le législateur à étendre à *toutes les autres industries* le
principe de la fixation légale des conditions de travail
et de salaires, et quels encourageants résultats ont été
obtenus dans tous ces domaines.

CHAPITRE III

LE PROBLÈME DU TRAVAIL A DOMICILE

Le travail à domicile, tel qu'il nous intéresse ici, ressemble, sans doute, par ses formes extérieures, à ces travaux domestiques ayant pour objet la satisfaction des besoins personnels ou même la vente des produits fabriqués par l'individu. Mais, au fond, il diffère totalement de ce genre de travail, de ces industries domestiques qui existèrent de tout temps, dans tous les pays, principalement parmi les populations agricoles où elles sont encore très répandues. Ces industries-là sont souvent, pour les habitants des campagnes, une précieuse ressource durant le chômage hivernal, et contribuent à développer l'aisance et la civilisation dans de vastes contrées. Par contre, ce mode d'exploitation *capitaliste* qu'est le travail à domicile tel que nous allons l'étudier constitue, ainsi que nous l'avons déjà sommairement indiqué au chapitre précédent, un danger infiniment grave pour la santé des travailleurs, à qui il ne donne en général que des salaires bien inférieurs, — surtout les salaires féminins, — à ceux payés dans les mêmes localités aux ouvriers syndiqués, même les moins habiles, alors que, cependant, la journée de travail des ouvriers et ouvrières en chambre dépasse de beaucoup, tout contrôle faisant défaut, le maximum habituel dans les ateliers. Et ce surmenage, joint à la mauvaise alimentation qui est la conséquence d'un salaire insuffisant, amène la dégénérescence physique des individus réduits à vivre de ce genre de labeur. C'est dans les grandes cités que ce phénomène se manifeste sous la forme la plus aiguë, tandis qu'il est moins accentué dans les campagnes, le travail à domicile n'étant en général, dans ces dernières, qu'un gagne-pain accessoire et non, comme dans les villes, l'unique métier d'une foule d'individus. Et c'est surtout dans l'industrie de la *lingerie* et dans celle du *vêtement* que les ouvrières en chambre sont victimes des plus intolérables abus.

Les caractéristiques de la misère de l'ouvrier à domicile sont si nettement liées à la nature même de ces deux catégories de travaux qu'on les retrouve presque identiques, dans ces industries, à Paris, à Londres, à Vienne et à Berlin. Les différences sont naturellement plus marquées quand il s'agit des campagnes, mais, ici aussi, on peut noter, dans tous les pays, de nombreux traits communs.

Avant de rechercher les moyens de remédier à ce mal, nous donnerons, pour mieux fixer les idées, quelques exemples typiques de la situation faite aux ouvriers à domicile en France, en Allemagne, en Angleterre et en Autriche.

En France, l'Office du travail a procédé à une vaste enquête sur les inconvénients du travail à domicile (1), et il a constaté que, à Paris, 13 0/0 des ouvrières en chambre, occupées à la confection de la lingerie, font des journées de plus de 12 heures. Certains cas relevés par les enquêteurs nous font entrevoir d'épouvantables conditions d'existence. C'est ainsi qu'une ouvrière déclara qu'elle commençait à coudre tous les jours dès 3 heures du matin, d'abord au lit, à cause du froid. Une autre reste à sa machine toute la journée et une partie de la nuit, sans se lever. Son mari, malade, s'occupe du ménage et de la cuisine ; la chambre, jamais balayée, est d'une saleté repoussante.

(1) Cf. Prof. de Maday : *Enquête sur le travail à domicile*. Saint-Blaise, par Neuchâtel.

2

Quant aux salaires, dans un groupe comprenant 217 personnes, on a trouvé 4 ouvrières gagnant moins de cinq centimes l'heure (à peine cinquante centimes pour une journée de dix heures !), 51 gagnant de 5 à 10 centimes, et 54 gagnant de 10 à 12 centimes 1/2 l'heure ; c'est-à-dire que, dans la moitié des cas, le salaire journalier était inférieur à 1 franc 25. Dans un autre groupe de 396 réponses relatives au gain annuel, on constata que ce gain était, dans 52 cas, de moins de 200 francs, dans 88 cas, de 200 à 300 francs, et dans 81 cas, de 300 à 400 francs : soit, ici aussi, moins de 1 franc 25 par jour dans presque la moitié des cas.

Dans un autre groupe de 540 personnes, on releva 186 femmes veuves ou célibataires n'ayant d'autre ressource que leur travail et gagnant en moyenne de 1 franc 25 à 1 franc 50 par jour. Et beaucoup d'entre elles avaient encore des enfants à élever !

Une fille-mère travaille 15 heures par jour afin de pouvoir vivre elle-même et nourrir son enfant. Une veuve gagne 1 franc 25 par jour et ne mange que de la soupe. Une autre veuve ayant un enfant de 11 ans fait des journées de 17 heures pour 1 franc 75, et elle ne dépense qu'un franc par jour pour sa nourriture et celle de son enfant.

Et les exemples analogues, ou pis encore, abondent dans la littérature spéciale consacrée au travail à domicile. C'est ainsi que Théodore Cotelle cite le cas d'une ouvrière qui, sur un salaire journalier de 95 centimes, dépense en pain, fromage et légumes (les seuls aliments qui lui soient accessibles) 65 centimes, et n'a pour se loger et s'habiller que six sous par jour (1).

On a du reste, en France, étudié attentivement les causes de ces bas salaires, et l'on a découvert, en plus

(1) *Enquête sur le travail à domicile dans l'industrie de la lingerie.* Paris, Imprimerie Nationale. P. 16. — Voir aussi : comte d'Haussonville : *Le Travail des femmes à domicile.* Paris, Bloud et Cⁱᵉ. Voir également : G. Meny, *Le Travail à domicile.* Paris, Marcel Rivière, 1910.

des facteurs généraux, communs à tous les pays, que
la raison pour laquelle l'ouvrière en chambre se trouvait si peu payée à Paris, c'était que les entrepreneurs
(particulièrement dans la lingerie), s'adressent à la
province, aux campagnes, où la vie est moins chère et
où des sommes absolument insuffisantes pour permettre à une ouvrière parisienne de vivre sans chercher dans la prostitution un supplément de ressources,
représentent pour la paysanne un profit accessoire qui
est souvent le bienvenu.

On a démontré aussi, en France, l'insuffisance pratique de tous les essais tentés en vue de soulager la
misère des ouvrières en chambre soit par des œuvres
de charité, soit par la propagande des ligues d'acheteurs (qui recommandent à leurs adhérents de ne
s'adresser pour leurs achats qu'aux maisons payant
bien leurs ouvrières), et la démonstration a été d'autant plus probante que ces essais, grâce aux sentiments
humanitaires de milieux influents et aisés, ont été
entrepris beaucoup plus fréquemment et sur une plus
vaste échelle que dans d'autres pays (1).

Aussi la fixation d'un minimum de salaire légal pour
les ouvriers et ouvrières en chambre a-t-elle été réclamée, au sein du Parlement français, plus tôt que dans
les autres États du continent, et cela notamment par
le comte de Mun, un des leaders du catholicisme social,
dont la motion a servi de base au projet de loi que le
gouvernement a présenté récemment à la Chambre.

En Allemagne, l'industrie textile fut pendant longtemps le type caractéristique du travail à domicile.
On sait que, vers le milieu du xix° siècle, lorsque commença la concurrence des grands tissages, les salaires
des tisserands silésiens baissèrent tellement que des
milliers d'individus moururent de faim et qu'éclatèrent,
sur plusieurs points, des révoltes comme celle que

(1) Cf. Théodore Cotelle : *Le Sweating-Système*. Paris, J. Sirodeau,
p. 779.

Hauptmann a décrite dans son drame des *Tisserands*.

Le Dr Robert Wilbrandt, dans son ouvrage sur « la protection des ouvrières et le travail en chambre », nous montre que la même misère continue à régner parmi les ouvriers à domicile dans certaines régions isolées, en Thuringe et en Silésie : à Landshut, par exemple, on trouve encore des salaires hebdomadaires de 6 francs 25 à 7 francs 50 pour des journées de travail démesurément longues, et, dans le comté de Glatz, on rencontre même des familles de tisserands qui ne gagnent que 5 à 6 francs 25 par semaine, c'est-à-dire à peine 90 centimes par jour.

Wilbrandt donne dans son livre de très nombreux exemples de la misère des ouvrières en chambre. Citons-en quelques-uns. Une ouvrière de Berlin, qui fait des chemises de laine, est payée 1 franc 85 la douzaine. Elle travaille de 8 heures du matin jusqu'à 8 ou 9 heures du soir, parfois même davantage, et en moyenne de 11 à 12 heures par jour. Les travaux du ménage sont négligés ; ses deux fillettes s'en occupent un peu et cousent aussi ; l'aînée, âgée de 12 ans, coud pendant sept heures par jour, en dehors de l'école ; elle se lève de bon matin pour apprendre ses leçons et faire ses devoirs ; aussi cette enfant a-t-elle déjà l'air d'une petite vieille. En se faisant ainsi aider, et en s'imposant à elle-même un surmenage qui se traduit par des douleurs dans les jambes, dans le bas-ventre et dans les reins, cette femme arrive à réaliser, déduction faite de ses dépenses de fil, aiguilles, etc., un gain hebdomadaire de 11 francs 85 ; sans ses enfants, elle ne pourrait faire qu'une douzaine par jour et ne gagnerait par semaine que 8 francs 75 à 10 francs.

Voilà pour la grande ville. Pour la campagne, les exemples suivants, pris par Wilbrandt à Buchholz près d'Annaberg en Saxe, sont caractéristiques. Une vieille femme, presque septuagénaire, travaillant au rouet à bobiner, gagne 75 centimes par jour. Une autre, mère de

quinze enfants (dont cinq encore vivants), arrive à se
faire comme rattacheuse des semaines de 3 francs 75.
« L'été dernier », dit-elle, « ça allait bien : nous
gagnions 6 francs 25 par semaine ».

En Autriche, un rapport fait par l'inspection du travail à la suite d'une enquête prescrite par le ministère
du commerce, pourrait nous fournir une foule d'exemples. Nous n'en citerons qu'un seul. A Berndorf, près
de Baden, une fabrique d'argenterie fait polir une
grande partie de ses produits par des ouvrières en
chambre. Ce travail est très pénible, le polissoir devant
être promené en pressant fortement sur la cuiller,
tasse, cafetière ou théière, l'objet étant solidement
appuyé contre une table ou contre la poitrine. Le salaire
moyen d'une polisseuse est de 1 franc à 1 franc 60 par
jour et, lorsqu'il s'agit d'objets assez gros et qui, à
cause de leur forme, s'argentent moins bien, ce salaire
peut descendre à 60 centimes par jour, voire moins
encore. Malgré les dangers hygiéniques que présente
ce travail, les ouvrières en chambre occupées par cette
manufacture sont exclues de l'assurance des ouvriers
de fabrique contre la maladie.

Citons aussi quelques cas caractéristiques extraits
d'une enquête du Bureau de statistique du ministère
du commerce, enquête relative aux conditions de logement et à la situation sanitaire des ouvriers et ouvrières
en chambre dans la confection et la lingerie.

Tout à côté du cimetière de Prossnitz se trouve la
demeure d'un ouvrier en chambre. Les murs sont
humides jusqu'à la moitié de leur hauteur. Le poêle
ne tirant pas, il est impossible de chauffer l'unique pièce
dont l'habitation se compose. L'eau de la fontaine
située dans la cour est souillée par le purin de la fosse
à fumier disposée tout proche.

A Klein-Hradisko, un logement, composé d'une
pièce et d'un couloir, est habité par un ouvrier tailleur
en chambre, sa femme et ses enfants, ainsi que par une
famille de « locataires pour la nuit », famille qui com-

prend le mari, la femme et trois enfants. Ces neuf personnes couchent dans un espace ne renfermant que 56 mètres cubes d'air. Le couloir, où est disposée une cheminée ouverte, sert de cuisine. Tous les habitants de ce logement n'ont comme vêtements que le strict nécessaire ; ils sont mal nourris, ont le teint blême et les joues creuses. La maisonnette appartient à l'ouvrier, qui possède aussi quelques champs et déclare gagner, par son travail de tailleur, 4 francs 20 par semaine. — Il va sans dire que les habits cousus ou réparés dans ce logis ne subissent aucune désinfection avant d'être remis au client.

En Suisse, le travail à domicile est très répandu et constitue même, dans certains cantons (par exemple à Appenzell), le gagne-pain de la plupart des habitants. Les salaires sont souvent aussi misérables que ceux que nous avons déjà cités. Ainsi, on a relevé, lors de l'exposition du travail à domicile qui eut lieu à Zurich, le cas d'une veuve d'Einsiedeln payée à raison de cinq centimes l'heure, et celui d'une brodeuse de Zurich, ne gagnant que deux centimes et demi à l'heure.

En Angleterre, le nombre des travailleurs en chambre condamnés à une vie des plus misérables est particulièrement élevé parmi les immigrés qui habitent les quartiers est de Londres ; mais il est encore assez considérable parmi la population indigène des villes de province. Ainsi, les inspecteurs du travail nous apprennent qu'à Bristol on paye de 40 à 75 centimes pour coudre une robe, et à Londres 1 franc pour faire une douzaine de chemises. Les salaires à l'heure sont identiques à ceux indiqués plus haut pour Paris. Même les ouvriers en chambre qui fabriquent les boîtes d'allumettes ne gagnent que de 5 francs 60 à 9 francs 35 par semaine, et encore faut-il pour cela qu'ils soient occupés d'une façon très régulière ; c'est-à-dire que leur gain est infiniment loin d'égaler celui de l'ouvrier anglais même non qualifié.

Et ces salaires, déjà si bas, ont une tendance à diminuer par suite de la concurrence des entrepreneurs qui, pour abaisser leurs prix de vente, cherchent à payer moins encore la main-d'œuvre, et par ce fait que, n'ayant entre eux aucun lien et ne possédant pour vivre que leur maigre salaire, les ouvriers en chambre ne peuvent résister aux exigences de leurs employeurs.

Comment prévenir tous ces abus ? Telle est la question que l'on s'est posée il y a déjà plusieurs lustres. Et l'on a songé, principalement en Allemagne, mais jusqu'ici sans succès, à placer les ouvriers en chambre sous le régime des lois de protection ouvrière et d'assurance obligatoire. On a espéré aussi que ces ouvriers arriveraient à se constituer en syndicats et pourraient alors se défendre eux-mêmes, espoir qui ne s'est réalisé nulle part. On a demandé également des mesures de police sanitaire afin de faire disparaître les locaux malsains ; — et plusieurs États de L'Union américaine, ainsi que l'Angleterre et, dans d'assez modestes proportions, l'Allemagne (par une ordonnance du 8 juillet 1893), sont entrés dans cette voie.

Quant à la solution radicale, qui serait d'interdire purement et simplement le travail à domicile, elle a été réclamée aussi bien des fois, mais sans aucun résultat.

Une autre idée, consistant à réunir dans des ateliers centraux les ouvriers en chambre, n'a été mise à exécution, pour un petit nombre d'industries, que dans quelques villes suisses et à Vienne. Enfin, les essais souvent tentés en Allemagne afin de venir en aide à cette catégorie d'ouvriers en créant des écoles techniques destinées à élever leur niveau professionnel ainsi que des coopératives et des sociétés qui leur assureraient un meilleur écoulement de leurs produits, n'ont donné que rarement des résultats notables ; cependant, on est arrivé ainsi, dans quelques cas, à remplacer le travail en chambre par de grands établissements industriels : c'est ce qui eut lieu par exemple, en 1896, pour

les tisserands en soie du Bas-Rhin, grâce à l'appui du
gouvernement (1).

En résumé, on peut dire que, jusqu'ici, on n'a pas
encore trouvé, sur le continent européen, la solution
du problème.

Cependant, les inconvénients du travail en chambre
ont, ces années dernières, attiré plus que jamais
l'attention de l'opinion publique. D'actives sociétés ont
organisé des expositions (les plus récentes furent celles
de Genève, Zurich, Berlin, Christiania) afin de montrer
au grand public combien sont dérisoires les salaires
payés pour les divers articles fabriqués par les ouvriers
et ouvrières en chambre. Des enquêtes, comme celles
de l'Office du travail à Paris, du ministère du commerce en Autriche et du Board of Trade de Londres,
des réunions telles que le congrès des ouvriers à domicile qui eut lieu à Berlin, ont fait connaître dans de
vastes milieux tout ce qu'a de déplorable ce mode de
travail ainsi que les souffrances qu'il inflige, particulièrement au sexe féminin. Il s'est donc produit en
Europe, ces années dernières, un mouvement identique
à celui qui, en Australie, aboutit dès 1895 à des
mesures légales pour la protection des ouvriers en
chambre. Et ce mouvement a déjà porté ses fruits en
Angleterre où, le 1er janvier 1910, est entrée en
vigueur une législation analogue, prévoyant pour cette
catégorie de travailleurs un minimum de salaire.

Mais avant d'étudier cette loi anglaise, directement
calquée sur le modèle australien, nous allons examiner
les projets de loi qui seront soumis très prochainement
au Parlement français, au Reichsrath (conseil de l'empire) autrichien, ainsi que le projet dont s'occupe
depuis deux ans le Reichstag allemand.

(1) Cf. Dr E. Schwiedland : *Ziele und Wege einer Heimarbeitsgesetzgebung*, p. 148.

CHAPITRE IV

LE PROJET FRANÇAIS, PORTANT L'ÉTABLISSEMENT D'UN MINIMUM DE SALAIRE POUR LES OUVRIÈRES EN CHAMBRE

En France, le gouvernement a soumis au Conseil supérieur du travail, le 10 janvier 1910, un intéressant projet de loi. Le Conseil a approuvé le projet, avec d'importantes modifications, notamment avec cette restriction qu'il ne s'appliquerait qu'aux ouvrières en chambre.

Le projet du gouvernement (1) dit, à l'article 1er, que les Conseils du travail, créés par la loi de 1908, pourront être constitués par le gouvernement en « comités de salaires » ayant le droit de fixer des salaires minima pour les ouvriers à domicile ainsi que pour les ouvriers de fabrique appartenant aux industries où prédomine le travail en chambre. Ces comités, qui seront institués en première ligne pour les industries de la lingerie, de la chapellerie, de la chaussure et des fleurs artificielles, auront à déterminer les salaires, aussi bien à l'heure qu'aux pièces, lorsque ces salaires, pour les travailleurs en chambre, seront inférieurs à ceux des ouvriers non qualifiés travaillant dans la même région.

Ces dispositions sont, en substance, ce que réclamait depuis assez longtemps le comte Albert de Mun.

Le contre-projet du Conseil supérieur du travail (2) restreint, nous l'avons dit, aux ouvrières en chambre l'application de la loi. De plus, il fixe nettement, comme salaire minimum, celui que touchent habituellement,

(1) Voir le texte, page 125 de l'appendice.
(2) Voir le texte, page 128 de l'appendice.

dans la région, les ouvriers non qualifiés, et il charge les conseils de prud'hommes de déterminer, après une sérieuse enquête, le taux correspondant pour le salaire aux pièces. Si une ouvrière croit avoir reçu un salaire aux pièces inférieur à celui qui aura été ainsi déterminé, elle aura le droit de réclamer le paiement de la différence. Les conseils de prud'hommes seront compétents pour recevoir et juger les plaintes de ce genre.

Comme on le voit, le Conseil supérieur du travail entre dans des voies toutes nouvelles et, il me semble, moins heureuses que celles dans lesquelles se meut le projet du gouvernement : en laissant aux conseils de prud'hommes le soin de décider au sujet des salaires, il suppose en effet, chez les ouvrières, plus d'initiative qu'elles n'en ont en général.

Le gouvernement — en face de cette résistance — a abandonné le projet de loi présenté autrefois par M. René Viviani et a soumis au Parlement, le 7 novembre dernier, un nouveau projet (1) se rapprochant beaucoup du contre-projet du Conseil supérieur du travail, avec, toutefois, une importante modification.

Nous avons devant les yeux l'exposé des motifs de la loi qui débute par d'excellentes considérations générales :

Près de 1.230.000 femmes ou filles se sont, au recensement de 1906, déclarées ouvrières des industries du vêtement et, sur ce nombre, moins d'un tiers, 380.000 environ, travaillaient en atelier. Seules, ces dernières bénéficient de la réglementation légale qui limite la durée du travail, assure un jour de repos par semaine, veille à l'hygiène et à la sécurité des locaux de travail, garantit leur emploi aux femmes en couches, exclut de l'atelier les trop jeunes enfants, etc. ; ainsi protégées, elles peuvent consacrer tous leurs efforts à la défense de leurs salaires, d'autant plus facile pour elles que la vie d'atelier rend aisée et efficace l'action collective.

Deux fois et demie plus nombreuses, les 850.000 ouvrières travaillant à domicile échappent à la protection légale en ce qui concerne la durée du travail et l'hygiène, et, comme elles

(1) Voir le texte, page 130 de l'appendice.

n'ont entre elles que des relations accidentelles, elles ne sauraient se grouper pour un effort commun. Elles sont ainsi
livrées sans défense à tous les abus du sweating system. La
nécessité les contraint à se plier à ces abus ; il leur faut
compenser par la surproduction l'insuffisance des tarifs qui
leur sont imposés. Acceptant des tâches dont elles ne pourraient seules assurer l'achèvement dans les délais prévus,
elles sont amenées à « exploiter » à leur tour, soit d'autres
ouvrières, soit leur propre famille. Ne disposant que de trop
courts instants de liberté, elles négligent les soins les plus
élémentaires de l'hygiène de l'habitation. Ainsi, toute l'existence familiale est sacrifiée à l'obligation d'exécuter les tâches
à des prix infimes.

Il n'est d'ailleurs pas exact, comme on l'a parfois affirmé,
que le travail à domicile, dans les villes au moins, constitue
le plus souvent pour les femmes une occupation accessoire,
rémunérée par un salaire d'appoint ; ce qui est vrai, c'est que
les ouvrières qui demandent au travail à domicile un salaire
d'appoint, pèsent sur les cours des salaires et les dépriment,
et c'est une des explications de la faiblesse des prix de main-
d'œuvre.

A cet égard, l'enquête de l'Office du travail sur le travail à
domicile dans l'industrie de la lingerie, qui vient d'être
publiée, son enquête antérieure sur les salaires et la durée
du travail dans l'industrie du vêtement, toutes les enquêtes
récentes, dont quelques-unes sont célèbres, sur les travailleuses de l'aiguille, ont abouti à des constatations du même ordre.

Mais, au lieu de conclure de ces justes appréciations qu'il fallait remédier au mal par une législation
hardie, élaborée d'après les exemples probants de
l'Australie et de l'Angleterre (conformément d'ailleurs
au projet primitif de M. Viviani), l'exposé des motifs
présenté par le gouvernement tâche de démontrer
que son propre projet primitif était erroné.

La commission permanente du Conseil supérieur du travail
avait été saisie tout d'abord d'un texte conférant aux conseils
consultatifs du travail institués par la loi du 17 juillet 1908,
avec le soin d'établir des listes de salaires ou de tarifs, des
attributions analogues à celles des conseils d'industrie créés
par la loi britannique du 20 octobre 1909 ou des comités

professionnels prévus par la proposition de loi déposée, le 10 juin 1910, par M. de Mun.

La commission a écarté ce texte ; elle a observé qu'aucun conseil consultatif du travail n'était encore en fonctionnement, et qu'il n'était pas utile de conférer des attributions nouvelles à ces organes nouveaux, alors que les conseils de prud'hommes peuvent, avec les plus grandes chances de succès, être appelés à déterminer les salaires ; elle a pensé, d'autre part, que l'établissement *a priori* de listes complètes de salaires ou de tarifs prévoyant les articles les plus divers et tous les détails de la fabrication et de l'ornementation présenterait, dans la pratique, de grandes difficultés, à raison de la multiplicité et de la variabilité incessante des articles du vêtement, soumis à tous les changements de la mode.

Il a paru plus simple — et, par suite, plus efficace — de limiter l'action légale à l'obligation, pour les entrepreneurs de travaux à domicile, d'appliquer à ces travaux des tarifs tels que la rémunération de l'ouvrière de capacité moyenne ne puisse être — à durée égale de travail — inférieure au salaire payé à la journée à l'ouvrière de capacité correspondante exécutant des travaux de même nature. Des sanctions civiles sont prévues pour tout ce qui a trait à la détermination du salaire et des tarifs et pour le redressement éventuel des comptes de salaires : l'action pénale n'intervient que pour assurer l'application des dispositions visant l'affichage des tarifs dans les locaux où s'effectue la remise du travail, la tenue d'un registre des ouvrières à domicile et la délivrance de livres de compte analogues à ceux que le code du travail (livre Ier, articles 32 et suivants) a prévus pour la constatation des salaires en matière de tissage et de bobinage.

Il y a dans ces phrases des appréciations justes et d'autres qui ne le sont pas. Il est vrai que les comités de salaires institués en Australie, ont reconnu eux-mêmes, que la confection du linge présente une variabilité plus grande de travaux que les autres industries et que c'est une tâche difficile, ou au moins compliquée, et nécessitant un grand effort de patience, d'établir d'avance un tarif de salaires à la pièce se rapportant à tous ces innombrables travaux.

Je ne veux pas juger si le relèvement des pauvres ouvrières lingères ne justifierait pas ce travail compliqué. Je reconnais que, en Australie aussi, le comité de salaires institué afin de fixer un minimum de salaire pour les lingères n'a pas suivi les autres comités qui ont établi des tarifs complets de salaires à la pièce ; il s'est borné à établir un salaire à l'heure, laissant aux patrons la responsabilité de fixer leurs salaires à la pièce de telle sorte qu'une ouvrière d'habileté moyenne puisse gagner avec ce salaire à la pièce, le salaire à l'heure prévu par le comité. Donc admettons que cette restriction volontaire du projet gouvernemental se justifie à ce point de vue.

Mais ce qui ne peut être justifié, c'est la restriction complémentaire qu'il apporte. En Australie, le comité de salaire fixe d'une manière précise le salaire *à l'heure* et donne ainsi une base *précise* pour le calcul des salaires à la pièce. Le projet français ne le fait pas ; il reste dans de vagues considérations.

Le projet dit en effet :

Art. 32 *a*. — Toute femme exécutant à domicile des travaux de confection de lingerie, broderie à la main, vêtements, chapeaux, chaussures, fleurs artificielles, ainsi que tous autres travaux rentrant dans l'industrie du vêtement, ne peut recevoir une rémunération inférieure au salaire ordinaire d'une ouvrière de la région payée à la journée ou à l'heure et non qualifiée, c'est-à-dire exécutant communément et sans spécialisation professionnelle déterminée les divers travaux courants de la profession.

Art. 32 *b*. — Le tarif aux pièces appliqué aux travaux à domicile ci-dessus visés doit être tel qu'il permette à une ouvrière d'habileté moyenne de gagner en dix heures un salaire égal au salaire à la journée déterminé comme il est dit à l'article 32 *a*.

Art. 32 *f*. — Pour faciliter l'appréciation des conseils de prud'hommes dans la connaissance des différends qui peuvent s'élever au sujet de l'application de la présente section, les conseils du travail peuvent dresser d'office, ou dressent sur la demande du gouvernement, le tableau des salaires à la journée ou à l'heure et le tableau des tarifs aux pièces correspondants, pour les tâches les plus usuelles, dans les professions et les régions qu'ils représentent.

A défaut de ces constatations, les conseils de prud'hommes peuvent, sans préjudice des attributions contentieuses qui leur appartiennent en vertu de la loi, faire des enquêtes, avec ou sans expertise, en vue d'établir les mêmes données.

Les uns et les autres publient les résultats de leurs constatations.

Art. 32 *g*. — Les conseils de prud'hommes sont compétents pour juger toutes les contestations qui naîtront de l'application de la présente section et notamment pour redresser tous comptes de salaires inférieurs aux salaires définis à l'article 32 *a*.

Toutefois, dans tous les cas où un conseil de prud'hommes sera appelé, soit à évaluer pour la première fois le chiffre d'un salaire minimum, soit à modifier son évaluation antérieure, le bureau de jugement du conseil devra être présidé par le juge de paix dans les conditions prévues par la loi pour les jugements en cas de partage des voix.

La différence constatée entre le salaire des ouvrières non qualifiées et le salaire payé à une ouvrière d'habileté moyenne d'après le tarif de l'employeur doit être versée par celui-ci à l'ouvrière insuffisamment rétribuée, nonobstant toute convention contraire.

Tout employeur, entrepreneur ou sous-entrepreneur, est civilement responsable, lorsque c'est de son fait que le salaire minimum n'a pu être payé.

Admettons que cette idée de fixer, comme salaire minimum des ouvrières en chambre, le salaire moyen des ouvrières non qualifiées de la région offre l'avantage d'une certaine précision et clarté, quoique, évidemment, il exclue toute action créatrice de la part des nouveaux organes et les borne à une fonction d'assimilation des salaires se trouvant au-dessous de la moyenne des autres.

Dans les pays britanniques, on a cru que le *common sense* des membres du comité de salaires suffirait pour fixer un salaire minimum équitable. Ce *common sense*, cet esprit de conciliation, cette faculté d'envisager les choses au point de vue de la partie contractante opposée, manque peut-être sur le continent et cette fixation d'un salaire minimum *équitable* sans base scientifique précise, aurait peut-être présenté en France des difficultés plus grandes que dans les pays britanniques.

Admettons encore qu'il est peut-être conforme au besoin de clarté propre au génie latin de prendre une base claire pour cette tâche nouvelle qui consiste à fixer un salaire minimum ; il est vrai que le salaire minimum des ouvrières d'industrie non qualifiées de la région offre cet avantage de précision et de clarté.

Je ne veux pas non plus faire une objection relativement au fait que, dans les pays britanniques, le salaire payé par les MEILLEURS employeurs de la branche est considéré comme point d'appui pour la fixation d'un salaire minimum, tandis qu'en France on prend pour base le salaire MOYEN des ouvrières d'usines.

Ce serait un progrès incontestable que de voir le salaire des ouvrières en chambre, qui est de beaucoup inférieur à celui des ouvriers d'usine, s'élever à ce niveau.

Donc, pour ce qui est du but, on peut s'associer au projet du gouvernement, mais les moyens qu'il propose sont d'une complexité abstruse et s'éloignent, d'une manière sensible, du besoin de clarté particulier aux peuples latins.

Dans les pays britanniques, comme nous le verrons plus loin, les comités de salaires fixent un minimum de salaire, promulguent cette fixation et font exécuter leurs décisions par les inspecteurs du travail. Tout cela est extrêmement simple. Le projet français, au contraire, prévoit toute une série de mesures contradictoires et vagues. Il dit aux conseils du travail qu'ils PEUVENT dresser le tableau des salaires à la journée ou à l'heure et le tableau du tarif aux pièces correspondant ; ou bien, à défaut de cette constatation, les conseils de prud'hommes PEUVENT faire la même chose.

En substituant le bon vouloir des diverses corporations à un strict ordre légal, on arrivera à une exécution intermittente au lieu d'une exécution claire, rationnelle et coordonnée, qui correspondrait aux intérêts des ouvrières en chambre.

Dans les pays britanniques, les déclarations du comité de salaires tiennent lieu d'une disposition légale. D'après le projet français, les évaluations des conseils du travail et des conseils de prud'hommes ne sont qu'officieuses ; les conseils de prud'hommes appelés à juger les litiges, portés devant eux, sont libres de les faire valoir ou de les négliger. Ce ne sera donc qu'une série de jugements identiques de la part des conseils de prud'hommes qui établira une jurisprudence reconnue dont les termes se substitueront à la disposition légale qui fait défaut. C'est un retour à des idées de droit romain contraires aux idées modernes du droit français, du droit européen, qui laisse aux pouvoirs législatifs le soin d'élaborer des préceptes et aux juges celui d'interpréter le cas concret et de juger comment le précepte légal doit être appliqué au problème qu'on leur soumet. En pratique, cela veut dire encore qu'il y a désarroi au lieu de clarté.

Dans quelques grandes villes, cette jurisprudence des conseils de prud'hommes sera peut-être suffisamment commentée de tous les côtés et rendue publique par les discussions qui s'ensuivront pour montrer aux patrons et aux ouvrières quel est le salaire à la pièce qui correspond réellement à la volonté du conseil. Dans des localités moins importantes, où les jugements seront moins nombreux, où il y aura moins d'insistance de la part des associations ouvrières, la volonté du juge relativement aux multiples travaux de la branche restera dans le vague, et les patrons profiteront de cette non définition pour payer des salaires dérisoires.

Dernière objection à ce principe grotesque qui con-

siste à substituer à une disposition légale une suite
de jugements :

Ce principe force les parties en question à revenir très
fréquemment devant le tribunal pour lui soumettre leurs
querelles ; il maintient dans un état de permanence
les principes d'animosité antagoniste, tandis que le
comité de salaires, tel qu'il existe dans les pays britanniques, tel qu'il a été prévu par le projet de M. Viviani,
aurait été un foyer de concorde, où les représentants
des patrons et des ouvrières auraient pu apprécier leurs
intérêts mutuels et s'entendre d'une manière amiable
au moyen de concessions réciproques.

Les comités de salaires, par l'excellent milieu psychologique qu'ils créaient, étaient capables, en Australie, de s'étendre à d'autres industries (1). En éliminant
les conflits, ils gagnaient la confiance des patrons, et
tout le monde se mit d'accord pour leur soumettre
les industries australiennes les unes après les autres.

Le système compliqué des procès perpétuels à faire
devant le conseil des prud'hommes ne ralliera personne ; tout le monde sera mécontent d'être obligé de
se déranger toujours et de faire des démarches en-
nuyeuses. Ce système ne pourra pas s'étendre parce
qu'il ne contient pas des germes d'évolution aussi fé-
conds que les comités de salaires.

Mais, répondra-t-on, c'est une considération de principe et ce sont des accessoires. Le point principal est
celui-ci : *que les ouvrières reçoivent le minimum de salaire.*

Le projet du Conseil supérieur du travail était évidemment insuffisant au point de vue du contrôle. En
demandant à de pauvres ouvrières manquant de toute
initiative et réduites à la misère justement à cause de
ce manque d'initiative de porter plainte devant les

(1) Voir des détails au chapitre VII.

conseils de prud'hommes, on commettait une erreur inexcusable.

Apprécions donc le fait que le gouvernement vient de mettre dans la loi un amendement d'une grande valeur et qui, lui, constitue, vis-à-vis des autres mesures défectueuses, le seul point véritablement utile.

Art. 32 i. — Les associations ou syndicats autorisés à cet effet par décret rendu sur la proposition du ministre du travail et de la prévoyance sociale peuvent exercer toutes les actions civiles résultant de la présente section sans avoir à justifier d'un préjudice, à charge, si le défendeur le requiert, de donner caution pour le paiement des frais et dommages auxquels ils pourraient être condamnés, à moins qu'ils ne possèdent en France des immeubles d'une valeur suffisante pour assurer le payement.

Cette disposition peut, à Paris, et dans quelques grandes villes, assurer l'exécution de la loi. Elle le fera grâce aux beaux dévouements qui ne manqueront pas de se produire. Mais, pour les petites localités où il n'y a ni syndicats d'ouvrières en chambre (lesquels d'ailleurs, même dans les grandes villes, ne sont qu'extrêmement faibles) ni ligues sociales d'acheteurs, ni Anti-Sweating League, les ouvrières manqueront de cette aide efficace et le salaire minimum ne sera pas appliqué.

Il aurait pourtant été si simple d'assurer l'exécution de la loi en suivant l'exemple de la législation britannique. La vérification des salaires payés aurait dû être confiée aux INSPECTEURS DU TRAVAIL, qui, eux, ont une tâche officielle à remplir, qui sont envoyés dans les petites localités comme dans les grandes villes et qui ont l'expérience des affaires industrielles : le projet français leur confie le contrôle des dispositions *formelles* (tenue des registres), mais leur retire le contrôle des dispositions *matérielles*, qui n'auront d'autre sauvegarde, comme nous l'avons vu, que la possibilité, pour la partie lésée, d'intenter un procès civil.

Pour que les inspecteurs puissent accomplir leur

tâche, il aurait évidemment fallu mettre à leur disposition des sanctions efficaces, des sanctions pénales, comme pour le contrôle de l'exécution de toute autre disposition légale. Personne ne s'aviserait, en d'autres sphères législatives, de considérer la menace des procès civils comme la seule sanction de l'obéissance à la loi. Celle-ci a à sa disposition un moyen autrement efficace : la punition. Un patron qui refuse de se soumettre à la disposition légale et de payer le minimum de salaire est puni, en Angleterre, d'une amende et, en cas de récidive, d'une amende plus importante, jusqu'à ce qu'il se soumette ; et il se soumet parce qu'il sait très bien que la loi est plus forte que lui. En France, le même patron ne risquera que d'être cité devant le conseil des prud'hommes par son ouvrière lésée à laquelle il commencera naturellement par retirer son travail ; il ne se présentera pas devant le juge, se fera condamner par défaut et sera seulement tenu de verser à son ouvrière la différence entre le salaire payé et le salaire minimum (mettons 2 francs 75). Il continuera ensuite à payer à ses autres ouvrières des salaires inférieurs et cela jusqu'à ce qu'une autre le cite de nouveau et reçoive 3 francs 40. Un simple calcul lui suffira pour voir que les quelques différences à restituer ne sont qu'insignifiantes vis-à-vis de son profit général, profit qu'il réalise en payant, aux ouvrières qui ne lui font point de procès, des salaires inférieurs au salaire minimum.

Le même fait se produirait relativement à l'exécution de toutes les autres lois, si l'assujetti ne courait pas, en cas de désobéissance, un risque supérieur au gain qu'il peut réaliser. Si quelqu'un commet un abus de confiance, il ne risque pas seulement de restituer la somme qu'il a prise, mais il encourt aussi la prison, ce qui lui est infiniment plus sensible ; si quelqu'un fraude le fisc d'un impôt ou d'un tarif de douane, il ne risque pas seulement de restituer la somme fraudée, mais il risque de payer une amende infiniment supérieure. C'est pour cette raison, d'ailleurs, qu'il n'ose pas commettre le délit, malgré son espoir justifié de rester impuni neuf fois sur dix.

De même, l'amende payée par les patrons qui n'appliqueraient pas le minimum de salaire devrait être, comme cela existe en Angleterre, infiniment plus élevée que la somme correspondant à la simple différence entre le salaire payé et celui qui est dû ; cette mesure aboutirait à ce fait que, tout en étant assurés, par expérience, d'échapper neuf fois sur dix à une punition, les patrons n'hésiteraient pas à appliquer la loi.

Cette argumentation paraît si simple qu'il est difficile de comprendre pourquoi le législateur français n'a pas suivi l'exemple de l'Angleterre et pourquoi il se borne à la sanction de simples actions civiles.

Voyons comment l'exposé des motifs de la loi justifie cette mesure :

Nous n'avons pas voulu assimiler à une contravention le fait pour un patron de ne pas rectifier son tarif après un jugement prud'homal. Nous avons pensé qu'il suffisait de sanctions civiles, de dommages-intérêts qui seront plus élevés après un second jugement qu'après un premier. Il a paru exagéré qu'une sanction pénale fût attachée au refus de se conformer à un jugement qu'on peut croire injustifié, dont on peut faire appel et dont, en outre, l'application à des espèces un peu différentes est encore sujette à appréciation.

Autant de mots, autant de sophismes. On parle de dommages-intérêts. L'ouvrière qui obtient gain de cause n'a subi d'autre dommage que celui qui constitue la différence entre le salaire minimum et celui qu'elle reçoit. En recevant cette différence, elle est hors de cause, et elle n'a aucun droit à une indemnité supérieure, sauf pour compenser sa petite perte de temps. Mais ses « collègues », celles qui n'ont pas osé aller devant le juge, qui n'ont pas eu cette initiative, ont subi et continuent à subir le dommage et le juge ne pourra évidemment pas condamner un patron à payer une indemnité à la demanderesse pour le tort qu'il a fait à d'autres qui ne se plaignent pas.

L'exposé dit ensuite qu'il a paru exagéré qu'une sanction pénale fût attachée au refus de se conformer à un jugement qu'on peut croire injustifié et dont on peut faire appel. Celui contre lequel un jugement quelconque a été rendu par un tribunal quelconque peut toujours croire qu'il est injustifié et, souvent, faire appel ; avec de tels arguments, on risque de jeter le ridicule sur tout l'appareil judiciaire. D'ailleurs, il n'est pas nécessaire d'instituer, pour la première contravention, une amende importante ; qu'on la mette seulement à deux francs et qu'on la double à chaque nouvelle contravention ; on arrivera au but désiré qui est d'empêcher le retour infiniment fréquent de contraventions semblables.

Un haut personnage au service du gouvernement et qui, paraît-il, n'a pas été étranger à l'élaboration de la loi, m'a fait cette objection à une question que je lui posais : « Mais les amendes, en matière de loi sociale, cela soulève de graves difficultés. Voyez l'hésitation du gouvernement à appliquer les sanctions prévues pour la non observation de la loi des retraites ouvrières ! »

Je me permets de répondre à cette objection que l'ouvrier qui omet de se conformer à la loi sur les retraites ouvrières commet, à mon avis, un acte d'imprudence, puisque les avantages futurs que la loi lui confère sont infiniment supérieurs au petit sacrifice qu'on lui demande ; il commet, si vous voulez, un crime envers LUI-MÊME ; mais cela n'empêche qu'il peut être un parfait honnête homme, qui ne fait aucun tort à autrui ; il est donc compréhensible qu'on hésite à lui infliger une amende.

Le patron, au contraire, qui omet de se conformer aux décisions des conseils de prud'hommes (il prétend croire que le jugement est injustifié) et qui essaie de continuer, aussi longtemps que possible, le paiement de salaires inférieurs au tarif minimum, contrairement à la volonté formelle du législateur et du tribunal, ce patron commet un grave tort vis-à-vis de ses ouvrières, vis-à-vis d'autrui.

Résumons-nous :

Le but du législateur français est louable : prendre, comme salaire minimum pour les ouvrières en chambre, le salaire moyen des ouvrières d'usine, est une idée nouvelle et assez féconde. Il est donc à l'honneur du Conseil supérieur du travail et de ses membres patronaux qu'ils se soient associés à cette manière de voir. Comme le dit le gouvernement, à la fin de son exposé des motifs :

L'accueil qui a été fait à ce projet par le Conseil supérieur du travail, l'adhésion unanime qu'il a recueillie auprès des membres de ce corps appartenant aux fractions les plus diverses du patronat et du travail, nous donnent confiance que le Parlement, justement ému des souffrances maintes fois signalées des ouvrières à domicile, voudra sanctionner par son vote l'effort tenté aujourd'hui pour assurer à ces ouvrières un peu de justice et un peu de bien-être.

Mais les moyens pratiques pour appliquer cette idée généreuse sont défectueux, et ceci doit nous surprendre beaucoup : si l'on pouvait comprendre que les représentants de l'industrie fussent, de parti pris et en principe, opposés à l'amélioration des salaires féminins, amélioration qui constitue pour eux certaines charges, on ne peut guère comprendre — le principe étant admis par toutes les parties — qu'on ait choisi, pour son application, des moyens compliqués, des moyens qui créeront des ennuis à tout le monde, et à l'honnête patron plus qu'à tout autre, puisqu'il ne saura pas au juste ce qui est la volonté du juge. Il attendra une appréciation et n'apprendra que par sa condamnation (dont il sera évidemment très étonné) qu'il a agi contrairement à la loi, tandis que le mauvais patron s'en moquera.

Il importe donc, tout en maintenant le principe du projet gouvernemental, d'en modifier profondément les moyens d'application. Le meilleur serait l'institution de comités de salaires.

A défaut, il faudrait tout au moins insérer dans la loi, telle qu'elle est, deux simples paragraphes : l'un disant que « les inspecteurs du travail seront chargés de vérifier l'application de la loi, non seulement pour empêcher les fraudes, mais pour contrôler si les salaires payés aux ouvrières sont conformes aux dispositions des conseils de prud'hommes », — l'autre disant que « les patrons contrevenant à cette disposition seront passibles, pour la première contravention, d'une amende, si faible soit-elle, mais qui doublera à chaque condamnation jusqu'à ce qu'elle atteigne 500 francs ».

Par ces deux nouveaux paragraphes, on assurera aux pauvres ouvrières le salaire minimum que le législateur leur promet dans son préambule.

CHAPITRE V

EFFORTS LÉGISLATIFS DES AUTRES ÉTATS DU CONTINENT EUROPÉEN

Beaucoup moins satisfaisant encore que le projet français est celui présenté par le gouvernement allemand et accepté, avec quelques modifications, importantes il est vrai, par le Reichstag. Il prévoit, d'abord et surtout, des mesures hygiéniques relatives aux locaux habités par les ouvrières en chambre, mesures qui, si elles peuvent être appliquées, ne seront certainement pas sans valeur, mais qui, loin d'apporter aux intéressés une amélioration de leur situation économique, leur imposeront des charges nouvelles.

Une seconde disposition importante prescrit d'afficher le tarif des salaires dans les locaux où l'on distribue l'ouvrage aux ouvriers en chambre, afin que ces derniers puissent se rendre compte, en tout temps, du prix payé pour chaque article. Mais cette disposition ne s'applique pas aux modèles nouveaux qui pourront être créés par la suite.

Cette mesure aura tout au moins pour effet de permettre un certain contrôle de la part des ouvriers et d'empêcher les entrepreneurs de diminuer arbitrairement les salaires dans tel ou tel cas individuel.

Mais le principal inconvénient du travail à domicile est que les salaires, étant trop faibles non pas seulement pour tel ou tel individu mais pour *tous*, entraînent l'ouvrier à prolonger outre mesure la durée de sa journée de travail. Et, de l'avis unanime de tous les gens compétents, tel qu'il s'est exprimé encore dernièrement au congrès des ouvriers à domicile tenu à Berlin en janvier 1910, on ne peut remédier à cet inconvénient-là que par la *fixation légale d'un minimum de salaire*. Aussi a-t-il été présenté, au sein de la commission du Reichstag, une motion proposant l'institution de comités de salaires pour les industries en chambre. Ces comités, après avoir recherché quels sont, pour chaque profession, les salaires habituels dans la contrée, auront à fixer, aussi équitablement que possible et pour une période de temps déterminée, les salaires minima (à la journée et aux pièces) qui devront être payés aux ouvriers en chambre pour lesquels elles auront été constituées. Une fois approuvés par l'autorité qui aura institué le comité, les salaires minima établis seront obligatoires. Toutes conventions contraires et préjudiciables à l'ouvrier seront sans valeur légale.

Cette motion fut, en première lecture, adoptée par la commission à une voix de majorité; en seconde lecture, elle réunit 13 voix contre 13 et fut repoussée, le président ayant voté contre. Le Reichstag lui-même, — en sa séance plénière du 29 novembre 1911, — a adopté une proposition transactionnelle, instituant des commissions spéciales, composées de délégués des patrons et des ouvriers, semblables à ce point de vue aux comités de salaires. Mais ces commissions n'auront qu'une compétence restreinte; elles ne pourront qu'*aider* à l'établissement des contrats collectifs de travail, stipulant un minimum de salaires en prodiguant des bons conseils aux deux parties: elles n'auront aucun pouvoir coercitif. La loi, sanctionnée par l'empereur, va être appliquée incessamment. L'insuffisance de ses résultats forcera bientôt le législateur, nous en sommes convaincus, à créer de vrais comités de salaires avec compétence plus étendue.

En Autriche, la législation industrielle, avec ses corporations obligatoires d'artisans, corporations auxquelles un projet du gouvernement discuté dès 1905 au Conseil du travail proposait d'accorder le droit de fixer le salaire des ouvriers auxiliaires, offrait un terrain psychologique très favorable à la fixation légale de salaires minima pour les ouvriers en chambre.

Aussi le gouvernement autrichien a-t-il élaboré récemment un projet de loi réglant les conditions du travail pour ces ouvriers dans les industries du vêtement, de la chaussure et de la lingerie. Ce projet, qui vient d'être soumis à l'examen des chambres de commerce, contient d'abord, comme le projet allemand, l'obligation pour les patrons d'afficher leurs tarifs de salaires dans les locaux où a lieu la distribution du travail aux ouvriers, et il prescrit également des mesures d'hygiène pour les logements de ces derniers. Mais beaucoup plus important est le § 11, qui établit des « commissions du travail à domicile », composées de délégués élus par les patrons et les ouvriers en chambre ainsi que par les artisans aux pièces, qui, en Autriche, sont souvent, dans l'industrie à domicile, des intermédiaires entre patrons et ouvriers. Le président et le vice-président de chaque commission seront nommés par les autorités politiques.

Essentiel est le § 22, ainsi conçu :

« La commission du travail à domicile peut fixer, d'une façon obligatoire, et dans les branches de la production qui sont de son ressort, des salaires minima pour les aides employés à l'atelier par les artisans aux pièces ainsi que pour les ouvriers en chambre ; elle peut aussi fixer des prix minima pour les marchandises que les artisans aux pièces doivent fournir à leurs clients ; elle a également le droit de régler toutes les autres conditions du travail. Mais elle peut décider que les règlements qu'elle édicte ne s'appliqueront qu'à telles ou telles parties du territoire pour lequel elle a été constituée. »

La commission ne statue pas en assemblée plénière, mais se divise en sections composées respectivement de patrons, d'artisans aux pièces, d'ouvriers en chambre, etc. Les règlements mentionnés ci-dessus ont besoin, pour être adoptés, d'une majorité des deux tiers dans les sections.

Les salaires minima ainsi établis ont force de loi. La commission peut aussi jouer le rôle d'un comité de conciliation et servir d'intermédiaire pour des conventions volontaires entre les divers groupes d'intéressés.

Ce qui saute aux yeux dans ce projet, c'est qu'il exige, pour que les décisions des commissions deviennent obligatoires, une majorité des deux tiers, et cela dans chaque groupe d'intéressés, alors que la loi australienne et la loi anglaise se contentent de la majorité absolue. Il faudra donc que les deux tiers des patrons par exemple approuvent toute élévation de salaire, pour que celle-ci ait force de loi, tandis que, en Australie, cette élévation de salaire peut être imposée contre la volonté même de tous les patrons, si le président de la commission vote pour, et devient toujours obligatoire si elle a pour elle les voix ouvrières contre une minorité patronale. Si cette exigence est maintenue, les commissions autrichiennes n'arriveront que bien rarement à prendre une décision.

Laissant de côté tous ces essais pleins de tâtonnements, voyons ce qui a été fait déjà dans les pays d'outre-mer.

Tout d'abord, plusieurs États de L'Union américaine ont édicté des lois protectrices en faveur des ouvriers à domicile, lois que la misère et l'ignorance de la population immigrée rendaient tout particulièrement nécessaires, surtout dans les États de l'est où le travail en chambre est très répandu (1).

Ainsi, une loi de l'État de New-York, promulguée en 1892, a édicté des mesures hygiéniques concernant les locaux de travail. La législation de Massachusetts a

(1) Cf. Dr Schwiedland : *Ziele und Wege einer Heimarbeitsgesetzgebung*, pages 281-308.

institué des inspecteurs spéciaux pour la surveillance des industries en chambre, et les ouvriers à domicile ne peuvent exercer leur métier qu'après en avoir obtenu l'autorisation. Cette autorisation est accordée d'abord pour un mois, et peut l'être ensuite pour un plus grand laps de temps, mais après une nouvelle inspection du local où travaille l'ouvrier (1). Il résulte des rapports des inspecteurs que ces mesures ont fait effectivement disparaître de très graves inconvénients sanitaires, notamment en ce qui concerne les locaux.

L'Amérique a donc, depuis de longues années déjà, réalisé certaines réformes analogues à celles qu'on projette actuellement en Allemagne.

Mais incomparablement plus vaste est la législation de l'Etat australien de Victoria. C'est cette législation, certainement la plus remarquable et la plus heureuse des tentatives faites pour résoudre le problème du travail à domicile, qui a servi de modèle à la récente législation anglaise. Il convient donc que nous lui consacrions une étude spéciale.

(1) Cf. Théodore Cotille : *Le Sweating-Système*, p. 223.

CHAPITRE VI

HISTOIRE DU MOUVEMENT POUR LA FIXATION D'UN MINIMUM DE SALAIRE A VICTORIA

Les inconvénients et les abus typiques du travail à domicile étaient, jusque vers 1895, tout aussi répandus en Australie qu'en Europe.

Une commission d'enquête, constituée à Melbourne en 1892 afin d'étudier tout ce côté de la question, montre d'une façon particulièrement frappante que, pour échapper à la minutieuse inspection des manufactures et aux lois si humaines qui devaient protéger les ouvriers de fabriques, beaucoup de patrons avaient fermé leurs ateliers et faisaient exécuter leurs travaux par des ouvriers en chambre. On constata par exemple que, dans la menuiserie, le nombre des ateliers était descendu de 64 (occupant 1022 ouvriers) en 1886 à 40 (occupant seulement 471 ouvriers) en 1892 ; or, c'est précisément à cette époque que la législation de protection ouvrière commença à être appliquée sérieusement (1).

Pour ce qui était des conditions de salaires dans l'industrie à domicile, il fut établi, entre autres, que presque toutes les femmes occupées dans l'industrie du vêtement devaient travailler de 12 heures à 14 heures par jour pour ne gagner, en moyenne, que 2 francs 50 ; cette paye qui, en Europe, serait certainement regardée

(1) **Voir** à ce sujet l'excellente étude d'Albert Métin, *Le Socialisme sans doctrine, la question agraire et la question ouvrière en Australie et en Nouvelle-Zélande*. Paris, Félix Alcan, p. 169.

comme assez convenable, parut en Australie, où le niveau général des salaires est beaucoup plus élevé que chez nous, la marque d'une véritable exploitation de cette catégorie d'ouvrières, et cette révélation émut profondément l'opinion publique (1).

La commission d'enquête réclama donc l'introduction d'un minimum légal de salaires et proposa de créer, à cet effet, des comités qui, dans certaines industries où l'on avait constaté des abus particulièrement criants, détermineraient des salaires minima, à l'heure et aux pièces, pour les ouvriers en chambre et pour les ouvriers de fabrique, et fixeraient aussi, pour ces derniers, le maximum de la journée de travail. Il fut satisfait à ces desiderata par la loi de 1896, et les premiers comités institués par ordre du gouvernement fonctionnèrent bientôt. Ces comités se composaient primitivement de cinq délégués des patrons et de cinq délégués des ouvriers, élus respectivement par tous les patrons et tous les ouvriers de leur branche, et d'un président impartial pris dans un autre milieu (2).

Il fut constitué deux corps électoraux distincts, l'un comprenant les ouvriers de fabrique et l'autre les ouvriers en chambre ; et ces derniers, partout où ils formaient plus du cinquième de la totalité des ouvriers, eurent le droit d'être spécialement représentés.

Mais les ouvriers en chambre ne manifestèrent que très peu d'empressement à faire usage de leur droit, et, dans l'industrie de la lingerie pour dames, la participation au vote fut si faible qu'on comprit la nécessité de remettre au gouvernement le soin de nommer les

(1) Voir les rapports de l'inspection des fabriques, sur la situation dans l'industrie de la lingerie pour femmes peu de temps avant la constitution du comité de salaires, pièce X de l'appendice.

(2) Ces premiers comités de salaires furent établis pour les industries du vêtement, de la lingerie et de la chaussure, où prédomine le travail en chambre, ainsi que pour la boulangerie et l'industrie du mobilier, où les ouvriers étaient mal rétribués.

délégués (1). Il fut donc voté, en 1903, une nouvelle loi, d'après laquelle les comités de salaires se composent de quatre à dix représentants des patrons et des ouvriers, nommés les uns et les autres par le gouvernement pour une durée de trois ans.

Ces nominations ne sont annulées, et il n'est procédé à l'élection suivant le mode prévu par la loi de 1896 (2), que si un cinquième des ouvriers ou des patrons de l'industrie intéressée proteste contre le choix fait par le gouvernement.

Les délégués ont droit à une indemnité de 5 francs par demi-journée ou de 10 francs par jour, ainsi qu'au remboursement de leur voyage lorsqu'ils habitent à plus de 65 kilomètres de Melbourne.

La loi de 1896 donne aux comités de salaires le droit :

1. de fixer des salaires minima pour le travail à l'heure et aux pièces,

2. de restreindre le nombre des apprentis de moins de 18 ans, cela afin que la loi ne puisse être tournée en substituant ceux-ci aux ouvriers adultes.

Cette dernière disposition fut abrogée en 1903 (3).

Les décisions prises par le comité deviennent obligatoires dès leur publication au *Journal officiel*. Elles doivent en outre être affichées dans les ateliers, et une copie doit en être remise aux ouvriers en chambre. Les patrons qui ne se conforment pas aux dispositions de la loi sont passibles d'une amende. Notons d'ailleurs que le nombre des contraventions est peu élevé : 34 en 1901, 33 en 1902, 41 en 1903, 39 en 1904, 27 en 1905, etc. (4).

Depuis 1903, il est permis de faire appel des déci-

---

(1) Voir, page 150 de l'appendice, le rapport de l'inspection des fabriques sur cette industrie.

(2) Voir, page 140 de l'appendice, le résumé de cette loi, d'après les rapports de l'inspection des fabriques.

(3) Cf. Métin, p. 174.

(4) Cf. Métin, p. 171.

sions d'un comité de salaires à un tribunal de
seconde instance, composé d'un magistrat de la Cour
suprême, lequel siège seul ou assisté de représentants
des patrons et des ouvriers (1). Il n'y a eu du reste,
jusqu'au 1ᵉʳ janvier 1909, que 5 appels de ce genre,
dont 4 furent admis par le tribunal.

Les heureux résultats de cette loi, résultats dont
nous parlerons au chapitre suivant, ont, depuis 1907,
conduit le gouvernement et le parlement à l'étendre
successivement à d'autres industries, même à celles où
le travail à domicile ne joue aucun rôle et où les
ouvriers ne sont pas particulièrement exploités. La
méthode de la fixation des salaires par des comités de salaires devint ainsi la base générale de la
réglementation des conditions de travail et de salaires
dans l'industrie, et se substitua à la grève et au lock-
out (2).

En 1907, 51 industries étaient déjà placées sous le
régime de la loi, et, aujourd'hui, presque toutes possèdent leurs comités de salaires.

Le nombre des ouvriers relevant des 71 comités
de salaires qui existent à Victoria s'élevait en 1907
à 50.000 sur un chiffre total de 70.000, en 1908 à
55.000 sur un chiffre total de 76.000 et, en 1909,
après que les ouvriers des mines eurent été aussi assujettis à la loi (il fallut établir pour eux, vu leur nombre très élevé, un comité dans chaque district) à
75.000 sur un chiffre total de 79.000, soit la presque
totalité de la classe ouvrière de Victoria.

La compétence des comités a encore été notablement étendue en 1907 : on leur a, en effet, accordé
le droit de fixer des salaires minima supérieurs aux
salaires habituellement payés par les « bons » patrons,

(1) Voir, page 140 de l'appendice, le résumé de la loi, d'après les
rapports de l'inspection des fabriques.

(2) Voir, page 157 de l'appendice, les rapports de l'inspection des
fabriques sur le comité de salaires des ouvriers qui travaillent le bois.
Cf. aussi Metin : introduction à la 2ᵉ édit., p. 6.

et cela non seulement pour les ouvriers en chambre, mais d'une façon générale.

Les Etats voisins, l'Australie méridionale et la Nouvelle-Galles du Sud, ont introduit également, par les lois de 1906 et de 1908, des comités de salaires analogues à ceux de Victoria. Particulièrement significative est l'adoption de ce système dans la Nouvelle-Galles du Sud. Cet Etat possédait depuis dix ans déjà des tribunaux d'arbitrage obligatoire pour les conflits industriels, et il existait une certaine rivalité entre les deux législations. Le fait que la Nouvelle-Galles du Sud est finalement entrée dans la même voie que Victoria prouve formellement combien toute l'opinion publique australienne a été satisfaite des résultats qu'ont donnés les comités de salaires.

CHAPITRE VII

L'ACTION DES COMITÉS DE SALAIRES (1).

I. — LE COMITÉ DE SALAIRES DE L'INDUSTRIE DU VÊTEMENT

(Tailleurs et confectionneurs)

Le premier comité de salaires, qui se réunit le 26 janvier 1897, fut celui de l'industrie du vêtement, où les malheureuses ouvrières en chambre étaient exploitées de la pire façon. Après des délibérations qui durèrent plus de huit mois, le comité fit connaître,

(1) Nous avons principalement utilisé, pour ce chapitre, les rapports d'une commission d'enquête chargée en 1903 d'étudier la législation industrielle de tous les Etats australiens ainsi que de la Nouvelle-Zélande et de proposer, le cas échéant, des amendements à la loi de Victoria. Ces rapports peuvent fournir, pour notre démonstration, des arguments d'autant plus solides que la commission d'enquête n'était nullement favorable au système des comités de salaires et se prononça même, dans ses conclusions, en faveur de tribunaux de conciliation et de tribunaux d'arbitrage analogues à ceux de la Nouvelle-Zélande et de la Nouvelle-Galles du Sud. Ces conclusions ne furent pas ratifiées par le parlement, et l'expérience des cinq années qui suivirent fut tellement à l'avantage des comités de salaires que, ainsi que nous l'avons dit, la Nouvelle-Galles du Sud elle-même adopta ce système. Toutes les constatations faites par la commission d'enquête et mentionnées dans notre étude ne sont donc suspectes d'aucune partialité à l'égard des comités de salaires.

Pour le texte de ces rapports, voir le Report of the Royal Commission appointed to investigate and report on the operation of the Factories and Shops Laws of Victoria (1902-1903). Robt. S. Brain, Government Printer, Melbourne.

Nous nous sommes aussi servi, dans une large mesure, des rapports annuels de l'inspection des fabriques, rapports dont plusieurs figurent à l'appendice.

le 20 octobre, ses décisions fixant à 8 heures le maximum de la journée de travail, à 9 francs 40 pour les hommes et à 4 francs 20 pour les femmes le minimum de salaire journalier, et établissant pour les apprentis une échelle de salaires hebdomadaires allant de 3 francs 15 pendant la première année d'apprentissage à 43 francs 75 (18 francs 75 pour les apprentics) pendant la septième année (1). Au cours des délibérations, les ouvriers marchèrent d'accord avec les représentants de ceux des patrons qui payaient déjà convenablement leur personnel, et les uns et les autres firent cause commune contre les entrepreneurs qui, en baissant les salaires de leurs ouvriers en chambre, essayaient de faire à leurs collègues une concurrence déloyale. L'antagonisme entre les tailleurs sur mesures et les patrons confectionneurs, particulièrement intéressés à maintenir à un niveau inférieur les salaires des travailleurs en chambre, fit aussi que les délégués des premiers votèrent souvent avec les ouvriers pour l'élévation de ces salaires, si bien que toutes les décisions furent prises à une grande majorité et que le président n'eut pas à faire usage de son droit de voix prépondérante.

Mais la tâche essentielle et le principal mérite du comité ne furent pas de fixer pour les ouvriers de sexe masculin le minimum de salaire que nous venons d'indiquer, minimum qui peut paraître élevé au lecteur européen : ce taux de salaire était habituel dans le pays, et l'Australie passait, depuis longtemps déjà, et non sans raison, pour être le paradis de l'ouvrier de fabrique. Le principal mérite du comité fut plutôt de fixer le minimum de salaire à 4 francs 20 par jour (25 francs par semaine) pour les jeunes filles et pour les femmes : car des salaires aussi forts n'étaient jusqu'alors en usage que dans les *meilleures* fabriques. La situation de ces ouvrières se trouva donc considéra-

(1) Voir, page 143 de l'appendice, le texte de cette décision avec sa minutieuse fixation des salaires aux pièces.

blement améliorée, résultat dont on ne saurait assez
se féliciter tant au point de vue de l'équité qu'à celui
de l'hygiène. Ainsi, dès cette première décision, appa-
rut en pleine lumière le rôle bienfaisant que les
comités de salaires peuvent remplir à l'égard des catégories de travailleurs particulièrement désavantagées.
En même temps que les salaires à l'heure, qui ne con-
cernaient que les ouvriers ou ouvrières de fabriques, on
fixa aussi les salaires aux pièces, qui, à leur tour, n'ont
d'importance que pour les ouvriers et ouvrières en
chambre. Bien que quelques-uns de ces derniers salaires
aient été légèrement diminués par une décision du 31
juillet 1900, l'amélioration apportée à la condition des
ouvrières en chambre est encore plus grande que celle
dont bénéficièrent les ouvrières de fabriques. Auparavant, leurs conditions de salaires et de travail étaient des
plus mauvaises, ainsi que l'a montré une enquête faite
en 1893. Les grands magasins avaient confié la confection des vêtements à des intermédiaires qui, de leur
côté, exploitaient indignement les malheureuses (pour
la plupart des immigrées) auxquelles ils confiaient du
travail. Certaines de ces ouvrières peinaient de 70 à 84
heures par semaine pour un salaire hebdomadaire de
8 francs 50 à 15 francs. Les ouvriers entendus par la commission d'enquête de 1903 furent unanimes à certifier
que cette exploitation avait cessé et que les salaires aux
pièces fixés par le comité de salaires assuraient aux
ouvrières en chambre une existence sinon fortunée, du
moins supportable.

Certains des patrons entendus par la commission
d'enquête apportèrent, comme principale objection à
la loi, ce fait que le taux élevé des salaires aux pièces
pour les ouvriers à domicile avait décidé la plupart des
entrepreneurs à faire exécuter leurs commandes dans
leurs ateliers et à payer les salaires à la journée. Mais
ce fait était précisément un de ceux que la commission
ne pouvait considérer comme un inconvénient, car le
passage du travail en atelier au travail en chambre ne

s'était réalisé souvent qu'aux dépens du progrès de la technique.

Parmi les personnes qui déposèrent devant la commission, beaucoup déclarèrent aussi que les « bons » patrons étaient mieux protégés maintenant contre la concurrence déloyale des « mauvais » patrons qui diminuaient les salaires afin de vendre à plus bas prix.

On signala enfin à la commission d'enquête de nombreux cas typiques, par exemple celui d'une ouvrière qui, travaillant jadis en chambre à raison de 12 à 16 heures par jour, ne touchait en moyenne que 15 francs 50 par semaine, tandis qu'elle gagne actuellement à l'atelier 25 francs par semaine. Le salaire moyen des ouvrières de cette industrie, qui, en 1906, avant l'institution des comités de salaires, était de 19 francs par semaine, s'élevait, quatre ans après, à 27 francs 50, et le salaire moyen des ouvriers avait passé de 43 francs 75 à 66 francs. Les patrons ayant tout intérêt à payer aux bons ouvriers, afin de se les attacher, plus que le minimum légal, la moyenne des salaires est notablement *supérieure* à ce minimum. Les salaires minima fixés par le comité ne sont donc pas devenus des salaires *maxima* comme le prédisaient bon nombre d'adversaires de la loi.

Malgré cette augmentation des salaires, l'exportation des vêtements d'hommes dans les autres Etats d'Australie a monté de 3 millions en 1896 à 7.750.000 francs en 1902. La prospérité de l'industrie n'a donc pas souffert de cette augmentation.

2. — Le comité de salaires de l'industrie de la lingerie pour hommes

Ce comité se réunit en février 1897. Les assesseurs élirent président un ecclésiastique. Les délibérations aboutirent, le 18 janvier 1898, à la fixation d'un salaire minimum de 20 francs par semaine, le salaire aux pièces pour le travail en atelier et à domicile étant réglé de façon à arriver à un taux équivalent. En pratique, ce minimum ne s'applique qu'aux femmes et aux jeunes filles, car cette industrie n'occupe presque pas d'ouvriers de sexe masculin. Les salaires actuels sont notablement supérieurs à ce qu'ils étaient auparavant. Ici aussi, l'élévation des salaires aux pièces eut souvent pour conséquence la substitution du travail en atelier au travail en chambre.

3. — LE COMITÉ DE SALAIRES DE L'INDUSTRIE DE LA LINGERIE POUR FEMMES

Il fut institué pour cette industrie un comité spécial qui fixa également un salaire minimum de 20 francs par semaine (1). Mais, tandis que les autres comités se conformaient strictement à la loi qui prescrit de déterminer exactement les salaires aux pièces en prenant pour base les salaires à la journée et le temps nécessaire pour fabriquer chaque objet, le comité de la lingerie pour femmes arriva à cette conclusion que la diversité des travaux de ce genre rendait impossible une pareille fixation. Le comité décida donc de laisser à chaque patron le soin de fixer les salaires aux pièces; mais, en même temps, il chargea l'inspection des fabriques d'intervenir vis-à-vis des industriels chez qui ces salaires ne seraient pas proportionnés au minimum légal du salaire à la journée.

Grâce à la vigilante surveillance des inspecteurs (2), ce but a été atteint jusqu'à un certain point, et les salaires aux pièces, surtout pour les ouvriers en chambre, ont subi une importante augmentation.

(1) Voir, page 147 de l'appendice, le texte de cette décision et, page 151, comment ses effets ont été appréciés dans les rapports de l'inspection des fabriques.

(2) Voir le rapport de l'inspection des fabriques, page 151 de l'appendice.

Beaucoup de patrons craignaient que cette élévation des salaires ne mît l'industrie de Victoria dans l'impossibilité de soutenir la concurrence des autres Etats australiens. Ces appréhensions ne se sont pas réalisées ; au contraire, la commission d'enquête a établi que l'exportation de la lingerie pour femmes n'a cessé de s'accroître avec la même régularité que par le passé (1).

4. — LE COMITÉ DE SALAIRES DE LA BOULANGERIE

Ce comité se réunit le 11 février 1897 et choisit d'abord pour président un magistrat de la Cour suprême, auquel succédèrent plus tard un négociant, puis un particulier et enfin un fonctionnaire de la police. Une première décision, prise sous la présidence du magistrat, le 15 mars 1898, fixa un salaire minimum de 1 franc 25 l'heure. Ce minimum fut porté, en 1909, sous la présidence du négociant, à 1 franc 30 l'heure, soit à 62 francs 40 pour une semaine de travail de 48 heures. Pour ces deux décisions, le président dut faire usage de son droit de voix prépondérante ; par contre, toute une série d'autres décisions, entre autres la fixation des salaires des jeunes ouvriers, furent prises d'un commun accord.

La moyenne des salaires qui, en 1896, avant l'entrée en vigueur de la loi, était de 40 francs par semaine, s'élevait en 1903 à 53 francs, soit une augmentation de 13 francs. Cette augmentation fut plus considérable encore dans certaines boulangeries qui, auparavant, n'occupaient que des ouvriers non syndiqués ou des jeunes gens. Fréquentes furent les augmentations de 40 0/0 et plus ; on en cite même de 100 0/0.

Il faut dire d'ailleurs que beaucoup de patrons boulangers trouvèrent trop élevé le minimum fixé en der-

(1) Cf. Report of the Royal Commission, appointed to investigate and report on the operation of the Factories and Shops Law of Victoria. Melbourne, Robt S. Brain, Government Printer. P. 43.

nier lieu par le comité ; il arriva même fréquemment que des ouvriers acceptèrent de travailler à un prix inférieur à ce minimum et de cacher ce fait à l'inspecteur des fabriques, — ce qui prouve que, dans la pratique, de trop forts relèvements de salaires se heurtent à de nombreuses difficultés et sont souvent inopérants.

Plusieurs ouvriers entendus par la commission d'enquête avouèrent que leurs camarades, d'accord avec leurs patrons, travaillaient dans ces conditions, ce qui devait être très préjudiciable aux autres patrons qui, eux, payaient le salaire légal. Ils émirent l'avis que les inspections de nuit fussent plus fréquentes et que, en cas de soupçons fondés, les inspecteurs fissent déclarer sous serment aux ouvriers le montant de leur salaire.

L'inspection des fabriques a effectivement satisfait à ce desideratum, et les rapports des inspecteurs sur l'application pratique de la loi (1) témoignent que la situation s'améliore d'année en année.

5. — LE COMITÉ DE SALAIRES DE LA CORDONNERIE

Le comité se réunit le 16 février 1897 sous la présidence d'un fonctionnaire de la police et prit, le 25 août suivant, une première décision fixant un salaire minimum de 55 francs par semaine. Il avait fallu, pour cela, le vote du président. Les patrons protestèrent et adressèrent au gouvernement une pétition afin qu'il refusât de sanctionner cette décision, qui fut en effet annulée.

Le comité procéda alors à de nouvelles enquêtes qui révélèrent que la situation de cette industrie ne permettait guère des salaires si élevés. En conséquence, le minimum fut abaissé à 45 francs par semaine pour

(1) Voir le texte d'un de ces rapports, page 157 de l'appendice.

les hommes, mais l'on maintint le minimum fixé dès le début pour les ouvrières, soit 25 francs.

Les patrons réclamèrent de nouveau, en demandant cette fois une diminution des salaires minima pour le travail aux pièces, diminution proportionnée à l'abaissement, obtenu par eux, du minimum de salaire à la journée.

Le gouvernement annula encore la deuxième décision du comité. Cependant, après délibération, celui-ci maintint le minimum établi en seconde lecture, et ce minimum devint obligatoire le 29 décembre 1897. En 1898, à la suite d'une nouvelle délibération, le minimum (pour les hommes) fut fixé à 52 francs et, en 1910, à 55 francs.

Ce comité eut à lutter contre de plus grandes difficultés que les autres. Tandis que, ailleurs, la plupart des décisions furent prises à une forte majorité par ce fait que, par exemple, quelques délégués patronaux, représentant des firmes importantes, votaient avec les ouvriers ou que l'une des parties cédait à temps, parce qu'elle avait remarqué, au cours des débats, l'hostilité du président, il fallut ici, pour presque toutes les décisions, que le président eût recours à son droit de voix prépondérante en faveur de l'une ou l'autre des parties.

Ainsi que nous l'avons dit, les ouvriers obtinrent enfin, en 1910, le minimum de salaire pour lequel ils avaient vainement lutté en 1897, ce qui améliora considérablement leur situation. L'inspection des fabriques nous apprend, en effet, que le salaire moyen des ouvriers hommes a augmenté, de 1896 à 1900, de 10 francs par semaine.

Pourtant, les patrons entendus par la commission d'enquête ont fait observer que l'avantage obtenu par les ouvriers n'était pas très grand et ne valait pas les efforts déployés dans ce but, car on occupait maintenant *moins* d'ouvriers et l'on exigeait d'eux un travail *plus intense.*

Cependant, le nombre des ouvriers employés dans cette industrie n'a pas beaucoup diminué, ainsi que l'établissent nettement les rapports de l'inspection des fabriques. Par contre, le nombre des chaussures fabriquées a considérablement augmenté. Il n'y a donc, probablement entre ces deux témoignages, qu'une contradiction apparente, et on peut les concilier en disant que l'accroissement de la production n'a pas eu pour conséquence l'emploi d'un plus grand nombre de travailleurs, mais, allié à l'augmentation des salaires, une plus intense utilisation du personnel existant.

Or, c'est précisément un résultat qui plaide singulièrement en faveur de la loi : salaires plus élevés permettant une meilleure alimentation et, par suite, une plus grande intensité de travail, laquelle, à son tour, compense pour les patrons l'augmentation des frais résultant de l'élévation des salaires ; par conséquent, un relèvement sanitaire, professionnel et pécuniaire de la classe ouvrière, sans dommage pour les intérêts de l'industrie.

Que l'industrie n'ait subi aucun préjudice du fait de l'élévation des salaires, c'est ce qui résulte avec évidence des statistiques d'exportation. Le nombre des chaussures exportées de Victoria dans les autres États d'Australie passa, en effet, de 171.182 en 1896 (avant la promulgation de la loi) à 485.944 en 1902, et la valeur de cette exportation s'éleva, dans ce même laps de temps, de 925.000 francs à 3.400.000 francs.

Ce fait réduit aussi à néant une objection souvent faite à la loi de Victoria, à savoir que cette loi n'est possible que dans des États sans exportation, dont l'industrie ne travaille que pour un marché intérieur protégé par de forts tarifs douaniers : en effet, l'industrie de la cordonnerie à Victoria est, éminemment, une industrie d'*exportation*.

6. — LE COMITÉ DE SALAIRES DES OUVRIERS TRAVAILLANT LE BOIS

Le comité se réunit le 23 novembre 1900, et ses travaux aboutirent à des décisions obligatoires le 27 mars 1901 (1). Il fut établi des salaires minima allant de 45 francs par semaine pour les ouvriers non qualifiés jusqu'à 90 francs par semaine pour les ouvriers de première catégorie. On fixa également le salaire hebdomadaire des apprentis, salaire qui, au bout de cinq ans, atteint 31 francs. Enfin, il fut interdit d'employer plus d'un apprenti pour quatre ouvriers.

Il résulte des rapports de l'inspection des fabriques que le salaire moyen s'est élevé, dans cette industrie, de 41 francs en 1900 à 53 francs 50 en 1901.

Les patrons entendus par la commission d'enquête ont prétendu que, dans leur industrie, l'ouvrier n'avait jamais été exploité, que le travail des femmes y fut toujours inconnu et que leur personnel, groupé en de puissants syndicats, avait toujours touché de bonnes payes. Ils en concluaient à l'inutilité du comité de salaires, et déclaraient que la fixation d'un minimum aussi élevé, outre qu'elle entraînait pour eux, patrons, un surcroît de dépenses, ne représentait une amélioration que pour une seule catégorie d'ouvriers, les ouvriers capables, car ceux-ci gagnent maintenant beaucoup plus que le minimum légal, les patrons cherchant à les attirer ou à les retenir chez eux en leur donnant des salaires plus élevés.

Quant aux ouvriers âgés, affirmèrent les patrons, ils ne pouvaient plus être employés, le travail fourni par eux ne valant pas le minimum de salaire. Ces ouvriers étaient donc forcés de travailler en chambre, et gagnaient beaucoup moins que lorsqu'ils étaient à l'atelier (2).

(1) Voir, page 149 de l'appendice, le texte de cette décision.

(2) Sur ce prétendu préjudice causé aux ouvriers âgés, voir, page 159 de l'appendice, les rapports absolument contraires de l'inspection des fabriques.

Par contre, les ouvriers entendus par la commission déclarèrent que si, en effet, la plupart des firmes payaient, avant la promulgation de la loi, des salaires suffisants, certaines autres exploitaient indignement leurs employés, et ils citèrent plusieurs cas de ce genre.

7. — LE COMITÉ DE SALAIRES DE LA TANNERIE

Les délibérations de ce comité provoquèrent d'ardentes discussions dans l'opinion publique. Au commencement, du 12 février au 12 mars 1901, tout alla bien et une première décision, fixant à 48 heures par semaine la durée maximum du travail, fut prise grâce à la voix prépondérante du président, un fonctionnaire de la police. Là-dessus, démission des délégués patronaux, et refus des patrons d'en choisir de nouveaux. Le gouvernement nomma alors des personnalités appartenant à cette industrie : celles-ci refusèrent ces fonctions. Finalement, faisant usage du droit que la loi lui accorde, le ministre nomma, pour défendre les intérêts des patrons, des personnes prises dans d'autres milieux, mais connaissant un peu la partie.

Ces nominations étaient faites, lorsque les délégués démissionnaires se déclarèrent prêts à reprendre leurs fonctions, proposition qui ne fut plus acceptée.

Le nouveau comité prit, le 10 juillet 1901, des décisions obligatoires fixant des salaires minima de 45 à 52 francs par semaine. Les patrons ne voulurent pas s'y conformer et, après en avoir inutilement appelé à la Cour suprême, beaucoup d'entre eux fermèrent leurs fabriques.

Mais ce ne fut pas pour longtemps. Voyant que le gouvernement ne cédait pas et que beaucoup d'ouvriers trouvaient du travail dans des coopératives de production qui se fondèrent alors, la plupart des firmes, et les plus importantes, rouvrirent leurs ateliers.

Tous les patrons entendus par la commission d'enquête affirmèrent que la réduction de la durée du travail et l'augmentation des salaires avaient accru leurs dépenses dans des proportions considérables (jusqu'à 37 0/0, un patron parla même de 45 0/0). Mais l'opinion publique rejeta ce grief, et avec raison, en déclarant presque unanimement qu'ils étaient eux-mêmes cause de cette forte élévation des salaires, par leur refus de choisir de nouveaux délégués.

Ce comité de salaires est le seul qui ait eu à souffrir ainsi de l'intransigeance des patrons, le seul aussi qui ait conduit à des résultats véritablement critiques pour l'industrie.

8. — LE COMITÉ DE SALAIRES DE L'INDUSTRIE DES CONSERVES DE FRUITS

Celui-ci se réunit le 18 janvier 1901 et aboutit le 30 avril à une décision prise à l'unanimité et fixant un salaire minimum hebdomadaire de 38 francs 50 pour les ouvriers adultes et de 11 à 21 francs pour les jeunes ouvriers. Pour les ouvrières, le minimum établi fut de 11 francs pour les jeunes filles de moins de 16 ans, de 13 francs 50 pour celles de 16 à 18 et de 17 francs pour celles de plus de 18 ans. La durée du travail ne doit pas dépasser 48 heures par semaine.

Le rapport de l'inspection des fabriques nous apprend que le salaire moyen des ouvrières était, en 1900, avant l'entrée en vigueur de la loi, de 13 francs 50 par semaine, tandis qu'il s'éleva en 1901, après la promulgation de cette décision, à 17 francs, soit une augmentation notable. Par contre, les salaires des hommes ne subirent pas grande modification. L'intention du législateur, qui était de venir en aide spécialement aux groupes de travailleurs les moins avantagés, fut donc réalisée ici.

Les patrons entendus par la commission d'enquête ne montrèrent pas grande inquiétude au sujet de l'action de la loi sur leurs entreprises ; seuls, les agriculteurs pratiquant la culture des arbres fruitiers se plaignirent de ne plus pouvoir vendre leurs récoltes à un aussi bon prix. La principale critique formulée par les deux catégories d'intéressés fut que, une semblable législation n'existant pas en Tasmanie, Etat voisin de Victoria et où le climat est plus favorable à cette culture, la concurrence devenait beaucoup plus difficile.

Cette critique-là ne subsistera plus le jour où la législation de Victoria aura été introduite dans toute l'Australie.

9. — LE COMITÉ DE SALAIRES DE L'INDUSTRIE DES SOMMIERS MÉTALLIQUES

Ce comité établit, pour les ouvrières, un salaire minimum hebdomadaire de 40 francs qui, étant le plus élevé de tous les salaires féminins, fit sensation. Certains journaux prétendirent que plusieurs fabriques avaient, pour cette raison, renvoyé leurs ouvrières. La commission d'enquête constata, par contre, que les motifs de ces renvois étaient d'une tout autre nature, et cela dans tous les cas cités. Mais le fait est que beaucoup de maisons adoptèrent des machines permettant une économie de main-d'œuvre, et que le nombre des ouvrières diminua comparativement à l'accroissement de la production.

CHAPITRE VIII

RÉSULTATS DES COMITÉS DE SALAIRES

En somme, la première constatation qui se dégage des documents analysés au chapitre précédent, c'est que les comités de salaires ont *effectivement fonctionné*. Une autre, c'est que, à part une seule exception (concernant la tannerie), ils n'ont pas causé de perturbations sérieuses. De plus, les grèves sont devenues excessivement rares (1) dans les industries réglementées par la loi : par exemple, le rapport de l'inspection des fabriques pour 1908 ne signale pas une seule grève, si petite soit-elle, dans tout l'Etat de Victoria (2). L'ordre et le calme ont donc remplacé la discorde et les pertes.

Ainsi, les fabricants furent en partie dédommagés du surcroît de frais que leur occasionnèrent les forts relèvements de salaires édictés par la loi.

Mais l'action de la loi fut encore plus profonde dans les industries où prédomine le *travail à domicile*, et surtout en ce qui concerne les *ouvrières en chambre*, auparavant si exploitées. Sans doute, beaucoup de patrons, hors d'état de payer à ces dernières les hauts salaires fixés par les comités, substituèrent au travail en chambre le travail à l'atelier ; d'autres renoncèrent même complètement à continuer leur industrie (3). Mais, par là, se trouva précisément réalisé un

(1) Cf. Reports of the Chief Inspector of Factories, Workrooms and Shops, 1897-1911, Robt S. Brain, Government Printer, Melbourne.

(2) *Ibid.*, année 1908.

(3) Voir, page 155 de l'appendice, le rapport de l'inspection des fabriques sur l'évolution qui s'est accomplie dans l'industrie du vêtement.

principe sur lequel le parlement de Victoria n'a cessé d'insister, à savoir qu'*il doit être assuré à tout ouvrier un minimum d'existence* et que, par conséquent, une industrie incapable, pour des raisons techniques ou autres, de satisfaire à cette obligation, n'a pas droit à la vie.

Rappelons, du reste, que le préjudice causé à certaines catégories de travailleurs, privés ainsi de leur gagne-pain accoutumé, ne fut presque toujours que passager, les ouvrières en chambre ayant trouvé du travail dans des fabriques et les ouvriers âgés ayant reçu de l'inspection des fabriques des certificats les autorisant à travailler pour un salaire inférieur (1).

Il faut noter encore que, en 1902, date des rapports de la commission d'enquête, le système des comités de salaires était en pleine évolution et n'avait pas encore subi les retouches qui, indiquées par l'expérience, y furent apportées plus tard.

Conformément à la façon de procéder de tous les pays anglo-saxons, on avait, en effet, commencé par faire un essai ; puis on adapta la loi aux nécessités de la vie pratique en mettant de côté ce qui, à l'usage, avait été reconnu défectueux. Les dispositions peu favorables dans lesquelles se trouvait la commission d'enquête de 1902, et qui se manifestent dans beaucoup de ses rapports, s'expliquent donc, en partie, par ce fait que la loi n'était pas parvenue à sa pleine maturité. Les rapports de l'inspection des fabriques, reproduits à la fin de ce livre, et qui, de 1898 à 1901, sont souvent hésitants, deviennent ensuite de plus en plus satisfaisants et témoignent de la parfaite adaptation de la loi aux possibilités et aux nécessités réelles de l'industrie.

Le texte de la loi subit effectivement, en 1901, deux notables corrections : 1° Les délégués des deux groupes d'intéressés ne sont plus élus par ces derniers, mais

(1) Voir page 159 de l'appendice.

nommés par le gouvernement, ce qui rend impossible
le retour de perturbations comme celles qui se produisirent pour le comité de salaires de la tannerie (1) ;
2° afin de prévenir de trop fortes augmentations de
salaires pour les hommes et de ne pas mettre l'industrie
hors d'état de soutenir la concurrence, les salaires des
industries où des comités n'ont été constitués qu'après
octobre 1903 ne doivent pas être fixés à un taux supérieur à celui des salaires déjà payés par les bonnes
maisons de l'industrie en question (2).

Ce simple paragraphe nous révèle deux tendances
significatives.

Le législateur a voulu, tout d'abord, empêcher de
porter atteinte, par la voie des comités de salaires,
aux conditions d'existence des industries où ces comités n'existaient pas encore en octobre 1903, c'est-
à-dire des grandes industries où le travail en chambre
est une exception et qui n'occupent que des hommes.
Seuls, les mauvais patrons, qui cherchent à s'enrichir
en payant des salaires inférieurs à la moyenne habituelle
dans leur branche, sont mis ainsi dans l'impossibilité
de continuer ces pratiques, et cela dans l'intérêt, non
seulement des ouvriers, mais des bonnes maisons. Et
ce principe est ici à sa place, puisque les travailleurs
dont il s'agit sont des ouvriers de fabrique sachant
du reste se défendre eux-mêmes.

De plus, en excluant de cette disposition les comités de salaires institués avant octobre 1903, c'est-
à-dire les industries où prédomine la main-d'œuvre
féminine, où les ouvrières, tant en chambre qu'à la
fabrique, étaient particulièrement exploitées, et pour
lesquelles, par conséquent, des comités de salaires
furent créés *dès la promulgation* de la loi de 1896,
le législateur sanctionne la fonction de ces comités
qui ont non seulement uniformisé les salaires au

(1) Voir page 60 du texte.

(2) Voir page 141 de l'appendice.

sein de chacune de ces industries, mais fixé ces derniers à un taux nouveau et plus élevé, en se basant pour cela sur des considérations humanitaires et hygiéniques, sans s'occuper de rechercher si la fixation d'un tel minimum d'existence était compatible avec les conditions faites à ces industries par la concurrence étrangère.

La justesse de ces deux principes, protection des faibles d'une part et, d'autre part, organisation de l'industrie, a été d'ailleurs, à partir de 1904, reconnue d'une façon de plus en plus générale par les autres États australiens (1).

On a reconnu que le comité de salaires, — composé d'hommes du métier qui délibèrent dans le calme, sans être influencés par des événements antérieurs tels que grèves ou lock-outs, et qui sont les représentants de deux groupes d'intérêts, mais non d'un syndicat patronal ou ouvrier, — offre de meilleures chances d'action efficace que les tribunaux de conciliation et les cours d'arbitrage de la Nouvelle-Zélande qui, convoqués pour juger des conflits déjà existants et ayant à tenir compte de l'exaspération provoquée par ces conflits, dirigent un *procès*, discutent, d'après des *témoignages*, des matières qui leur sont inconnues, et discutent *longtemps*, tandis que les membres des comités de salaires de Victoria peuvent solutionner rapidement les questions qu'ils ont à régler, celles-ci ne concernant que l'industrie à laquelle ils appartiennent.

Du reste, un fait qui montre bien que les comités

(1) Albert Métin, — dans la première édition de son excellente étude: *Le Socialisme sans doctrines, la question agraire et la question ouvrière en Australie et en Nouvelle-Zélande* (1899), — concluait contre les comités de salaires, et prédisait qu'ils seraient remplacés par des tribunaux de conciliation analogues à ceux de la Nouvelle-Zélande. Mais, dans la seconde édition, l'auteur reconnaît que ces conclusions ont été démenties par les faits et que, dans toute l'Australie, l'avenir est aux comités de salaires, ceux-ci s'étant introduits dès 1907 dans la Nouvelle-Galles du Sud et au Queensland. (Cf. Métin, préface de la nouvelle édition, p. 60).

de salaires n'ont pas tardé à se concilier les sympathies de tous les patrons, c'est que, en 1898, la chambre de commerce de Victoria votait une résolution préconisant l'extension de la loi à la fabrication des cigares, aux forges et aux verreries.

Les comités de salaires de Victoria représentent la solution définitive du problème du travail en chambre, et quelque chose de plus encore : une tentative moderne, couronnée de succès et exemplaire, en vue de réglementer par la *loi* les conditions de travail et de salaires, non seulement de l'industrie à domicile, mais de l'industrie en général (1).

La correction apportée à la loi en 1904, et d'après laquelle les membres des comités de salaires ne sont plus élus par les intéressés, mais *nommés par le gouvernement*, prouve d'une façon particulièrement nette qu'il ne s'agit pas ici d'une procédure d'arbitrage entre deux parties adverses, mais d'une manifestation de la volonté raisonnée de l'État.

(1) Voir le rapport du Rev. John Hoatson, Melbourne, présenté au congrès de Londres du travail à domicile (1906), et reproduit dans les comptes rendus de ce congrès (Report of Conference on a Minimum Wage, London, Cooperative Printing Society).

Dans ce rapport, le Rev. Hoatson cite aussi une série de cas montrant l'augmentation du salaire hebdomadaire de certains ouvriers en chambre (par exemple de 6 à 25 francs) et les effets bienfaisants que produisirent *immédiatement* les premières décisions des comités de salaires.

CHAPITRE IX

L'INTRODUCTION DES COMITÉS DE SALAIRES EN ANGLETERRE

Les heureux résultats obtenus par le système des comités de salaires de Victoria, comités qui mirent fin aux abus dont étaient victimes les ouvriers en chambre et ouvrirent des perspectives insoupçonnées pour la fixation légale des conditions de travail et de salaires et pour la suppression des grèves et lock-out, ont, comme nous l'avons dit au chapitre précédent, décidé tout d'abord la Nouvelle-Galles du Sud à promulguer, en 1907, une législation analogue. Vers cette même date, commençait en Angleterre une active propagande en vue de l'adoption de ce système.

Sir Charles Dilke, le leader de la gauche libérale à la Chambre des communes, présenta une motion demandant qu'il fût créé des comités de salaires, imités de ceux de Victoria, pour les industries anglaises où prédomine le travail en chambre. Il défendit sa motion dans plusieurs discours parlementaires, ainsi que dans un article paru en tête du premier numéro de l'*International* (1), et réussit à gagner à ses idées la commission parlementaire à laquelle la motion avait été renvoyée.

A la même époque, un journal, le *Daily News*, organisait (le 5 mai 1906), une exposition du travail à domicile, qui attira vivement l'attention du public sur les salaires dérisoires payés aux producteurs de tous

(1) Édition anglaise des *Documents du Progrès*, novembre 1907.

les objets exposés. Le résultat de l'émotion ainsi provoquée fut la fondation d'une Anti-Sweating League, sur le modèle de la ligue de même nom fondée à Melbourne et qui joua un rôle dirigeant dans la campagne qui aboutit à l'institution des premiers comités de salaires de Victoria (1). Le premier soin de la ligue anglaise fut de convoquer, à l'hôtel de ville de Londres, une conférence nationale pour l'étude du problème du minimum de salaire.

Un grand nombre de sociétés, parmi lesquelles les plus importants syndicats d'Angleterre, envoyèrent des délégués à cette conférence qui, ouverte le 24 octobre 1906 par le lord maire de Londres, commença ses travaux sous la présidence de sir Charles Dilke (2).

Le président rappela tout d'abord sa motion de 1895, qui proposait, à l'imitation de plusieurs États américains, un système de licences pour les industries en chambre ; mais il s'empressa de déclarer que cette motion lui paraissait maintenant insuffisante.

Il rappela ensuite la résolution du Reichstag allemand, en date du 9 mars 1906, par laquelle le chancelier de l'empire était invité à ouvrir une enquête sur le travail à domicile et à présenter sur cette question un projet de loi, ainsi que l'initiative prise par l'impératrice d'Allemagne dans cette affaire.

Il rappela enfin la commission d'enquête de la Chambre des lords, qui se prononça si nettement contre l'exploitation des ouvriers en chambre, et la règle, adoptée depuis assez longtemps déjà en Angleterre, de ne confier des fournitures publiques qu'aux firmes capables de prouver qu'elles font à leur personnel des

(1) Il fut donné à l'auteur de cette étude de prendre part aux séances de l'Anti-Sweating League australienne, d'en exposer les méthodes d'agitation à ses amis d'Angleterre et, plus tard, en 1911, de collaborer à la fondation de la Ligue française de l'Antisweating-système, qui suit vaillamment les traces de ses devancières.

(2) Report of Conference on a Minimum Wage. Londres, édition de l'Anti-Sweating League.

conditions de travail satisfaisantes. Et il conclut en disant que l'état d'esprit du parlement, avec sa forte majorité libérale, était favorable à toute mesure s'appuyant sur des idées humanitaires et sur des expériences déjà réalisées.

Sir Charles Dilke avait parfaitement jugé la situation, ainsi que le montre le très vif intérêt avec lequel le parlement et la presse suivirent les travaux de la conférence, travaux auxquels prirent part d'importantes personnalités parlementaires. On discuta les conséquences que pourrait avoir et qu'aurait certainement sur les conditions d'existence de l'industrie la fixation légale d'un salaire minimum, l'extension du chômage, les prix que le public aurait à payer pour ses achats, et l'on étudia les expériences pratiques faites par Victoria avec ses comités de salaires, par la Nouvelle-Zélande avec ses cours d'arbitrage obligatoire.

La campagne fut énergiquement poursuivie, en dehors du parlement, par l'Anti-Sweating League et, au sein du parlement, par sir Charles Dilke, si bien que, seize mois après, le 8 février 1908, la Chambre des communes adoptait un projet de loi présenté par le gouvernement et identique, dans ses grandes lignes, au projet de sir Charles Dilke (1). Aucune opposition ne s'étant élevée, il n'y eut pas à procéder à un vote en règle. La Chambre des lords, si hostile d'ordinaire à toutes les réformes à tendances avancées, fit cette fois exception en faveur de ce projet de loi. Même ceux de ses membres qui représentent l'aristocratie capitaliste ne voulurent pas se déclarer solidaires des négociants et des industriels qui s'enrichissent en pressurant les pauvres. De même qu'à la Chambre des communes, pas une voix ne s'éleva pour défendre ces intérêts illégitimes.

(1) Cf. The Case for Wages Boards, London ; The National Anti-Sweating League. P. 45.

Le projet de loi ne prévoyait d'abord la création de comités de salaires que pour les industries où prédominent le travail en chambre et l'exploitation des ouvriers ; mais le gouvernement est autorisé à étendre cette institution à d'autres industries. Les comités ont pleins pouvoirs en ce qui concerne la fixation de salaires minima, aussi bien pour le travail à la journée que pour le travail aux pièces.

Le principe du minimum de salaire n'était, du reste, pas une nouveauté pour l'industrie anglaise, puisqu'il existe depuis longtemps déjà dans de grandes entreprises de l'Etat (arsenaux, chantiers de constructions navales, manufactures d'uniformes) et que certains syndicats ont, soit par des contrats collectifs de travail, soit par des tribunaux d'arbitrage, obtenu la fixation de salaires minima ; il en est ainsi pour les ouvriers des mines, des fabriques de machines et de l'industrie textile. Mais, dans ces derniers cas, il s'agit d'industries où les travailleurs, groupés en de fortes organisations, sont capables de se tirer d'affaire eux-mêmes : ce qui était une nouveauté, en Angleterre comme ailleurs, c'était la protection des *faibles* par la loi.

Le 1er janvier 1910, la loi entra en vigueur. Nos lecteurs en trouveront les principales dispositions à la page 134 de l'appendice (texte anglais et traduction française) ; et un parallèle avec la loi australienne de 1896, reproduite page 140, leur montrera que, sur les points essentiels, ces deux lois sont identiques. L'Angleterre n'a fait, en réalité, qu'adopter presque telle quelle la législation qui a donné en Australie de si beaux résultats.

Dès les premiers mois d'existence du nouveau régime, l'Anti-Sweating League travailla avec ardeur à organiser les ouvriers en chambre, afin que ceux-ci contrôlent eux-mêmes l'application de la loi, tandis que le ministère du commerce s'occupait activement d'élaborer des instructions pour la constitution des

comités de salaires dans les quatre industries visées
tout d'abord par la loi, à savoir :

1. la fabrication des vêtements de confection,
2. la fabrication des cartons et boîtes d'allumettes,
3. la dentellerie,
4. la chaîneterie (1).

Quatre cent mille ouvriers et ouvrières, dont la
majorité est réunie dans des ateliers (mais la minorité
qui travaille en chambre représente un nombre encore
assez considérable), sont occupés dans ces quatre
industries. Les deux premières sont répandues sur
toute l'étendue du pays et présentent, de ce fait, de
nombreuses différences qui nécessitent, pour l'application de la loi, de minutieuses spécifications. Par
contre, les deux dernières sont limitées à certains districts, de sorte que, ici, la loi est facile à appliquer. La
comparaison avec les difficultés et les points d'appui
en face desquels se trouvait, à ce point de vue, la loi
australienne, se présente d'elle-même. Et cette comparaison réduit à néant une objection que les adversaires
de la fixation légale d'un salaire minimum ne cessent
de mettre en avant, en France, en Allemagne et ailleurs,
objection qui, si fondée qu'elle puisse paraître, ne
témoigne que d'une profonde ignorance : on ne peut,
dit-on, introduire en Europe cette législation australienne, les conditions de population étant, chez nous,
tout autres.

Or, la loi de Victoria s'applique en première ligne à
la ville de Melbourne, cité de 500.000 habitants, et,
en seconde ligne, aux centres industriels d'un pays
dont la population est assez dense. A cet égard, la
situation était absolument la même en Angleterre, et
serait analogue en France et en Allemagne.

A Victoria comme en Angleterre, l'industrie tra-

(1) Cf. Fourth Annual Report of the National Anti-Sweating League,
34, Mecklenburg Square, London W.C. Rapport pour l'année 1909,
adopté par l'assemblée générale du 27 juillet 1910.

vaille surtout pour l'exportation, et, dans les deux
pays, un des principaux arguments des adversaires de
la loi était que les charges imposées à l'industrie
nationale par la législation nouvelle pourraient la
mettre en un état d'infériorité vis-à-vis de la concurrence étrangère. A Victoria comme en Angleterre,
le cas était particulièrement difficile, car Victoria for-
mant avec les autres États australiens une union
douanière et l'Angleterre pratiquant, on le sait, le
libre échange, il était théoriquement possible que le
marché de ces deux pays fût alors inondé par l'impor-
tation des États étrangers où il n'existe pas de semblable législation de protection ouvrière. C'est là une
objection qui n'a qu'une médiocre valeur pour la
France et l'Allemagne où, grâce aux tarifs douaniers,
l'introduction des comités de salaires serait au contraire plus facile qu'à Victoria et en Angleterre. On
a pu, du reste, constater à Victoria que les progrès
techniques amenés par l'abandon de méthodes de production surannées, irrationnelles, et qui ne pouvaient
se maintenir que par une exploitation effrénée des
ouvriers en chambre, ainsi que la disparition des grèves
dans les industries occupant surtout des ouvriers de
fabrique organisés en syndicats, ont été très profitables à
la vie économique du pays : non seulement l'industrie nationale n'a nullement souffert de la concurrence
de ses rivales, mais, ainsi que nous l'avons vu au chapitre VII, l'exportation des chaussures de Victoria a
rapidement augmenté dès la première année d'existence des comités de salaires.

Nous allons, dans les pages suivantes, montrer
comment a été appliquée la loi anglaise, et l'on sera
surpris de remarquer que, en somme, les choses marchèrent encore plus rondement qu'à Victoria, puisqu'on
commence à triompher, à force de circonspection et de
patience, de la complexité que présente la fabrication
des vêtements de confection, et que les comités de
salaires des trois autres industries fonctionnent déjà

d'une façon parfaite. Il fallut, à Victoria, beaucoup plus de temps pour arriver à un résultat satisfaisant.

Nous puiserons dans cette comparaison la précieuse certitude que l'institution des comités de salaires ne se heurte pas, en Europe, à de *plus grosses difficultés techniques* qu'en Australie. Nous verrons que la seule difficulté sérieuse, à savoir la grande étendue ou la plus grande population de certains Etats européens, peut être aisément surmontée en créant, comme l'a fait l'Angleterre, des *comités régionaux de salaires*, lesquels rendent compte de leurs travaux au comité central. Dès le printemps de 1911, l'opinion générale était que le succès de la loi ne faisait aucun doute pour le travail en atelier, le contrôle étant ici très facile (1).

Tout aussi facile a été la réglementation du travail *en chambre* dans la dentellerie et la chaîneterie, vu le nombre relativement peu élevé des diverses opérations. Quant à la *confection*, qui présente une infinie variété de travaux et se trouve répandue sur tout le territoire, elle a, ici comme en Australie, soulevé des problèmes administratifs dont la solution exige de la prudence et surtout du temps.

(1) Cf. Mallon : The Trade Boards Act, dans le numéro d'avril des Womens Industrial News, Londres.

CHAPITRE X

L'ACTION DES QUATRE PREMIERS COMITÉS
DE SALAIRES ANGLAIS

Le premier décret instituant un comité de salaires
fut rendu par le ministère du commerce le 15 novembre 1909. Il concernait la *chaîneterie*, industrie exercée en Angleterre par environ 2.000 ouvriers
et ouvrières, et dont le centre est la ville de Creadley
Heath. Le décret dit que ce comité doit se composer de 15 personnes, dont 3 membres nommés
par le gouvernement, 6 délégués des patrons et
6 délégués des ouvriers (4 pour les hommes, 2 pour
les femmes). Les délégués ouvriers doivent être élus
dans deux réunions distinctes (une pour les ouvriers
et une pour les ouvrières), tenues sous la surveillance
du ministère du commerce. Ce dernier est autorisé à
nommer encore, comme membres du comité, un
patron et un ouvrier, si cela paraît nécessaire pour
assurer aux divers groupes de patrons et d'ouvriers une
représentation égale.

Les réunions doivent être annoncées, par voie d'affiches, au moins sept jours d'avance.

La durée du mandat d'un comité de salaires est de
trois ans. Les patrons qui redeviennent ouvriers et les
ouvriers qui deviennent patrons doivent résigner
leurs fonctions de membres du comité, mais peuvent
être réélus.

Pour le vote, chacune des parties dispose d'un nombre de voix égal, même si un délégué se trouve empêché par hasard de prendre part à la séance. La mise en pratique de cette règle est laissée au président du comité.

Les réunions où devaient être élus les délégués suscitèrent déjà certaines initiatives dans des catégories de travailleurs où, jusqu'alors, on n'avait rien constaté de semblable : nous voulons parler des ouvrières en chambre (1). Par exemple, à la réunion des ouvrières, une de celles-ci demanda de la tribune combien, parmi ses camarades, gagnaient en moyenne plus de 8 francs 50 par semaine. Pas une seule ne put lever la main ; quelques-unes déclarèrent gagner 7 francs 50 ; la plupart gagnaient moins de 6 francs.

La chaîneterie anglaise n'ayant pas à redouter la concurrence étrangère, les délégués ouvriers pouvaient aller assez loin dans les propositions qu'ils soumirent au comité. Il leur fallut pourtant, dans leur propre intérêt, prendre garde qu'une trop forte augmentation des salaires ne contraignît les patrons à introduire de nouvelles machines et à renvoyer un grand nombre d'ouvriers et surtout d'ouvrières en chambre. Après d'assez longs débats, le comité s'arrêta à un *minimum de salaire de 25 centimes l'heure* pour le travail à l'atelier, et fixa à un taux correspondant le salaire aux pièces (le seul qui intéresse les ouvriers en chambre).

L'expérience a montré depuis que, avec les nouveaux salaires aux pièces, un ouvrier d'habileté moyenne peut arriver à gagner un peu plus de 25 centimes l'heure, ou un peu plus de 2 francs 50 par journée de dix heures, soit, pour les ouvrières en chambre, un relèvement de salaires d'environ 100 0/0, puisqu'elles ne gagnaient jadis en moyenne qu'environ 1 franc 25.

Mais certaines difficultés naquirent de ce fait que la loi prévoit d'abord un délai de trois mois entre la décision du comité et son entrée en vigueur, puis

(1) Cf. l'article de Mallon, déjà cité, p. 574.

un nouveau délai de six mois, pendant lequel la décision n'est obligatoire que s'il n'existe pas de convention écrite, contraire à cette décision et conclue entre le patron et ses ouvriers. En effet, quelques patrons de Creadley Heath firent fabriquer, durant la première période de trois mois, un stock de chaînes si considérable que les ouvrières étaient menacées de chômer ensuite pendant longtemps. De plus, bon nombre d'entre eux essayèrent de faire signer à leurs ouvrières, femmes et jeunes filles, des contrats qui auraient maintenu les salaires actuels durant la seconde période de six mois.

Alors intervinrent la Womens Trades-Unions League et la National Anti-Sweating League de Londres, et, sur leur conseil, les ouvrières refusèrent leur signature. Là-dessus, les patrons recoururent au lock-out, mais sans succès, car, l'opinion publique étant nettement du côté des ouvrières ; celles-ci reçurent d'un peu partout des secours qui leur permirent de résister victorieusement aux prétentions de leurs employeurs. Ces derniers durent céder et accorder à leurs ouvrières les salaires fixés par le comité, et cela trois mois avant l'expiration du second délai. Depuis, ce délai étant écoulé, la décision du comité de salaires a été confirmée par le ministère du commerce et est, par conséquent, devenue *obligatoire*, de sorte que toute perturbation de la part des patrons est désormais impossible.

Cette lutte eut également pour conséquence que la plupart des ouvrières de la région adhérèrent au syndicat ouvrier féminin, pour lequel elles ne témoignaient auparavant aucun intérêt, et qu'elles s'adressent maintenant à ce syndicat quand elles suspectent un patron d'être en contravention. Ce fait suffit à garantir la stricte application de la loi.

Il fut aussi fixé un minimum de salaire pour les hommes travaillant à la fabrication des chaînes, à savoir : pour les travaux tout à fait simples, 50 centimes l'heure et, pour les ouvriers qualifiés, de 55 à 70 centimes l'heure, soit, par semaine de 54 heures, de 27 à 37 francs.

Ici encore, les patrons essayèrent de profiter des neuf mois de délai prévus par la loi ; mais ils durent, devant la résistance des ouvriers, accorder immédiatement les tarifs établis par le comité de salaires.

Enfin, le comité édicta, comme en Australie, des dispositions restreignant le nombre des apprentis, afin d'empêcher les patrons de tourner la loi en occupant de préférence des adolescents. Du reste, les apprentis ou jeunes ouvriers doivent recevoir, dès le début, 5 francs par semaine, avec augmentation tous les six mois, jusqu'à ce que leur salaire atteigne celui des ouvriers proprement dits.

B. — LE COMITÉ DE SALAIRES DE LA DENTELLERIE

Le second comité de salaires se réunit dès les premières semaines qui suivirent l'entrée en vigueur de la loi : ce fut celui de la dentellerie. Sa tâche était d'autant plus difficile que cette industrie doit compter avec la concurrence française, allemande et suisse et que, par suite, on ne pouvait faire supporter au public la totalité des frais occasionnés par le relèvement des salaires. Il fallait donc s'attendre, de la part des patrons, à une vive résistance.

La dentellerie anglaise, dont le centre est Northampton, occupe dix mille ouvrières, la plupart en chambre, travaillant pour les grands magasins, mais par l'intermédiaire d'entrepreneuses qui rabaissaient encore des salaires déjà fort bas. La pauvreté et l'ignorance de cette catégorie d'ouvrières étaient telles que le ministère du commerce, dans son décret, prévoyait, pour leurs délégués, la *nomination* par le gouvernement au lieu de l'élection. Cependant, elles étaient invitées à faire des propositions. Les délégués patronaux furent, pour ce comité, également *nommés* par le ministère du commerce, sur les listes présentées par divers groupes de patrons (1).

Le comité ainsi composé fixa un salaire minimum de 27 centimes l'heure, salaire qui sera en vigueur jusqu'au 30 décembre 1912 et qui montera alors à 30 centimes. La fixation d'un taux correspondant pour le salaire aux pièces ne présenta aucune difficulté. On établit que les prix payés aux entrepreneurs par les grands magasins permettaient d'assurer à une ouvrière d'habileté moyenne un gain d'environ 27 centimes l'heure. Ce taux fut donc adopté d'une façon générale, et les entrepreneuses (celles-ci étant libres d'exiger à leur tour des grands magasins une augmentation de prix) furent rendues responsables du paiement de ce minimum.

Pour les ouvrières qui, ne passant pas par l'intermédiaire des entrepreneuses, doivent chercher elles-mêmes du travail, les salaires aux pièces furent relevés en conséquence. Enfin, ces derniers salaires devront, après le 30 décembre 1912, être augmentés aussi de 3 centimes l'heure.

La décision du comité, dont nous avons sous les yeux le texte complet avec les différents salaires aux pièces (2), entra en vigueur le 6 mars 1911.

Après avoir posé, ainsi que nous l'avons indiqué ci-dessus d'après l'article de J.-J. Mallon, les principes réglant les salaires à l'heure, le comité édicta des prescriptions pour l'augmentation graduelle du minimum de salaire des apprenties et des jeunes ouvrières. Par exemple, les personnes de 17 à 18 ans doivent recevoir au moins 6 francs par semaine si elles travaillent depuis moins de six mois ; si elles ont déjà de

(1) Cf. Regulations, dated May 1, 1910, made by the Board of Trade, establishing a Trade Board under s. 11 of Trade Boards Act, 1909 (9 Edw. 7, c. 22), for that branch of the Lace Trade which is engaged in Machine-Made Lace and Net finishing, other than the finishing of the product of Plain Net machines.

(2) La reproduction et la traduction de ce texte sont interdites.

6 à 12 mois d'apprentissage, le salaire minimum est de 10 francs 50 ; si elles sont dans leur seconde année d'apprentissage, ce salaire s'élève à 12 francs 50 ; et, si elles travaillent depuis plus de deux ans, elles doivent toucher plein salaire. Pour les jeunes ouvrières, la limite extrême durant laquelle elles peuvent travailler à un salaire inférieur au minimum établi pour les ouvrières adultes, est fixée, suivant leur âge, à 3, 4 ou 5 ans. Le comité précise ensuite ce que sont les « learners » (apprenties et jeunes ouvrières) à qui doivent s'appliquer les dispositions que nous venons d'énumérer : ne peuvent être considérées comme « learners » que les personnes de moins de 19 ans et occupées depuis 5 ans au plus dans cette industrie.

Enfin, le comité fixe des salaires aux pièces pour les divers travaux.

Conformément à la loi, la décision entra en vigueur au bout de 3 mois, le 6 juin 1911, et ne devait devenir absolument obligatoire que le 6 décembre suivant. Mais, l'entente s'étant faite entre patrons et ouvrières, les nouveaux salaires furent payés à partir du mois de juin, et il ne s'est encore produit aucune contravention.

C. — Le comité de salaires pour la fabrication des cartons et boîtes d'allumettes.

Le troisième comité de salaires, institué par un décret ministériel du 27 avril 1910, fut celui de la fabrication des cartons et boîtes d'allumettes. Le problème était, ici, beaucoup plus difficile que dans les deux cas précédents, cette industrie se trouvant répandue dans toute l'Angleterre.

D'après le décret, le nombre des membres de ce comité devait être de 35 à 41, dont trois seulement nommés par le gouvernement. Les délégués patronaux furent au nombre de 16, à savoir : un nommé par les patrons de Manchester, un par les patrons des faubourgs de cette ville, un par ceux du comité de Northumberland, quatre par ceux de Londres et des environs, trois par ceux d'Écosse, etc.

Quant aux 16 représentants des ouvriers, ils furent désignés par le ministère du commerce, sur les listes présentées par ces derniers, et avec le souci d'assurer la représentation des ouvriers en chambre. En outre, le ministère se réservait le droit de nommer trois délégués patronaux et trois délégués ouvriers, au cas où les divers groupes d'intéressés existant dans les deux parties lui sembleraient insuffisamment représentés. La durée du mandat fut fixée à trois ans.

Dans ce comité, le vote n'a pas lieu par groupes, mais par voix individuelle, chaque membre disposant d'une voix. (Les délégués patronaux représentaient, en effet, des groupes appartenant chacun à un comté différent et ayant souvent des intérêts opposés : le vote individuel était donc nécessaire pour permettre la défense de ces intérêts spéciaux.)

Cependant, si à une séance du comité se trouvent présents plus de délégués patronaux que de délégués ouvriers et *vice versa*, la partie dont les représentants sont en majorité est tenue de provoquer, parmi ses membres, le nombre d'abstentions nécessaire pour rétablir l'équilibre des voix. Si l'on n'arrive pas à s'entendre sur ce point, le président doit remettre le vote à une prochaine séance.

Lorsque le comité se réunit, les représentants des ouvriers proposèrent de discuter d'abord d'une façon générale le minimum de salaire pour le travail à l'heure et de nommer ensuite des comités régionaux, qui feraient des propositions spéciales, répondant aux situations locales. L'idée fut adoptée, et l'on prit encore une seconde et importante décision d'après laquelle les salaires minima définitivement fixés s'appliqueraient à toute l'étendue du pays. Pour ce vote, les délégués patronaux des districts où l'on payait déjà, avant la promulgation de la loi, des salaires convenables, s'unirent aux délégués ouvriers, créant ainsi une forte majorité contre les délégués patronaux des districts où les salaires étaient particulièrement bas. Tandis que ces débats se poursuivaient, le ministère du commerce élaborait une ordonnance réglant minutieusement la composition des comités régionaux (pour cette industrie, ainsi que pour celle du vêtement, dont nous parlerons plus loin). L'ordonnance, promulguée le 22 juillet 1910, prescrit que ces comités doivent comprendre, d'une part, des membres du comité central et, d'autre part, des délégués des patrons et des ouvriers du district (1). Le comité central doit, à ce sujet, soumettre au ministère des propositions détaillées. Mais le ministère du commerce a le droit, pour assurer la représentation de tous les groupes d'intéressés, de nommer encore d'autres membres à ces comités régionaux.

Chaque membre d'un comité régional possède une voix, et si, à une séance, les délégués de l'une des parties se trouvent en nombre inférieur à ceux de l'autre, la procédure à suivre est la même que celle indiquée plus haut pour le comité central.

En ce qui concerne le comité de salaires pour la fabrication des cartons, les comités régionaux furent composés en majeure partie de représentants des patrons et des ouvriers du district, la liaison avec le comité central étant assurée par la présence, dans ces comités, de quelques membres de la commission. Les comités régionaux siégèrent durant un mois, mais sans parvenir à un rapprochement entre les points de vue contradictoires des patrons et des ouvriers. Enfin, le 22 février 1911, le comité de salaires se réunit de nouveau, entendit les rapports des comités régionaux et prit des décisions définitives. Celles-ci *furent prises par une majorité de tous les représentants des deux parties, sans que les trois assesseurs impar-*

(1) Voir, pour plus de détails, page 139 de l'appendice.

tiaux nommés par le ministère aient eu à intervenir.

Ces décisions, publiées le 8 avril 1911 par le président, M. W. B. Yates, fixaient à 28 centimes le salaire à l'heure. Ce taux a été porté, le 1ᵉʳ février 1912, à 32 centimes et s'élèvera, en février 1913, à 33 centimes 1/2.

Ce minimum s'applique aux ouvriers des deux sexes. Pour les « learners » (apprentis et jeunes ouvriers), le comité a fixé un salaire qui, de 5 francs 50 au début, doit s'élever au bout de six mois à 6 francs 75, et, dans les troisième, quatrième, cinquième et sixième semestres, à 8 francs 50, 10 francs 50, 12 francs 50 et 13 francs 50. Ces taux s'entendent pour une semaine de 52 heures, et doivent être proportionnellement augmentés ou réduits si la durée du travail dépasse ou n'atteint pas ce nombre d'heures.

La moyenne du salaire dans cette industrie était, jusqu'alors, de 12 francs 50 à 15 francs par semaine : le nouveau salaire minimum, pour une journée de huit à neuf heures, est, à partir du 31 janvier 1912, d'environ 17 francs 50, soit une augmentation de 2 francs 50 à 5 francs par semaine. Et n'oublions pas qu'il s'agit de salaires *minima*, à payer même aux ouvriers les moins capables, et que les travailleurs qui n'appartiennent pas à cette catégorie (par conséquent aussi ceux de capacités moyennes) peuvent compter sur un salaire supérieur au minimum légal, les patrons ayant intérêt à les attirer chez eux.

En outre, tous les salaires s'entendent nets, sans déduction de la valeur des matières brutes fournies par les patrons, alors que, auparavant, beaucoup d'ouvrières se voyaient retenir de ce fait 1 franc 75 par semaine.

La fixation des salaires aux pièces proportionnellement aux salaires à l'heure est actuellement étudiée par le comité.

D. — LE COMITÉ DE SALAIRES DE LA CONFECTION

La tâche de ce comité était plus difficile encore, mais plus importante aussi que celle de tous les autres et même du précédent comité. L'industrie de la confection est répandue sur toute l'étendue du pays, et les diverses entreprises d'une même ville présentent souvent de très grandes différences. Fabriques dotées d'un outillage moderne, petits ateliers, travail en chambre sous la direction d'intermédiaires : une telle différenciation nécessite une infinité de détails dans la fixation des salaires.

Le ministère du commerce promulgua donc, le 25 juillet, un décret ne prévoyant, pour le moment, l'institution d'un comité de salaires que pour la confection des *vêtements d'hommes et d'enfants*. Le comité doit comprendre de 29 à 37 membres, dont 3 à 5 membres impartiaux, le reste se composant de délégués des patrons et des ouvriers. Le ministère nomme ces délégués sur les propositions faites par les intéressés, à savoir deux délégués sur les propositions des patrons écossais, deux sur celles des patrons du Northumberland, de Durham et du Yorkshire, etc., trois délégués des sous-entrepreneurs et treize représentants des ouvriers (ces derniers également après avoir pris connaissance des propositions des intéressés).

Le vote est individuel, de même que dans le comité de salaires pour la fabrication des cartons, chaque membre disposant d'une voix. Cependant, la majorité des délégués de l'une des parties peut, dans certains cas, exiger le vote collectif : alors, les délégués des patrons votent d'abord entre eux et font connaître ensuite en quel sens s'est prononcée la majorité de leur groupe, et les délégués des ouvriers procèdent de même. Le ministère du commerce se réserve le droit, en s'appuyant sur les propositions du comité, d'étendre le rayon d'action de celui-ci à d'autres branches de l'industrie du vêtement.

Les travaux de ce comité ont été analogues à ceux du comité de l'industrie des cartons. Il a d'abord été constitué des comités regionaux, où la question fut soigneusement étudiée. Puis le comité central s'est réuni, et ses délibérations ont abouti, le 9 novembre 1911, à la promulgation d'un arrêté instituant un minimum de salaire de 35 centimes l'heure pour les ouvrières d'usines et de 60 centimes l'heure pour les ouvriers d'usines. Le comité fixait de même des tarifs à la pièce pour les travaux courants. Pour les autres, il laissait aux patrons le soin de déterminer leurs salaires à la pièce, mais de telle sorte qu'une ouvrière d'habileté moyenne puisse gagner 35 centimes l'heure.

Ce sont les mêmes stipulations qui sont prévues dans le projet du gouvernement français, avec, toutefois, une très importante modification. En Angleterre, les inspecteurs du travail seront chargés de vérifier si ces salaires à la pièce fixés par les patrons sont conformes au salaire minimum, et ils seront autorisés, en cas de contravention, à imposer une amende. Il est certain que, ainsi, les décisions du comité seront rigoureusement appliquées.

En résumé, nous voyons que l'Angleterre s'occupe activement d'assurer aux catégories de travailleurs les plus désavantagées, et notamment aux malheureuses exploitées que sont les ouvrières en chambre, un sort supportable, et cela en recourant au moyen qui a si bien fait ses preuves en Australie.

Dans les trois premières industries que nous avons indiquées, on est déjà parvenu à des décisions dont l'application est pleinement satisfaisante ; dans la dernière, les travaux du comité viennent d'aboutir.

Ainsi, la possibilité technique de transplanter chez nous la méthode australienne est démontrée, puisque cette méthode vient de faire ses preuves en Europe.

Mais la fixation légale des conditions des salaires et de travail n'est pas seulement *possible :* elle est encore *nécessaire* pour le travail en chambre, ainsi que pour le travail en atelier dans les industries dont les travailleurs se trouvent dans les mêmes conditions défavorables que les ouvriers à domicile et sont, d'après ce que nous enseigne l'expérience, à peu près incapables de se défendre eux-mêmes, c'est-à-dire dans toutes les industries employant la main-d'œuvre *féminine.*

La loi anglaise est entrée en vigueur le 1er janvier 1910 ; la loi française sera définitivement discutée par le Parlement dans le courant de l'année 1912 ; et la loi autrichienne, le gouvernement ayant fini d'élaborer son projet dans tous ses détails, ne tardera guère non plus à devenir une réalité.

Cette action parallèle et simultanée nous montre bien qu'il s'agit d'un mouvement né de causes identiques, se dirigeant vers des buts identiques, et que la plupart des grandes nations industrielles d'Europe sont en train d'établir, pour les industries en chambre et pour bon nombre de celles qui occupent dans leurs fabriques des femmes et des jeunes filles, une fixation légale des conditions de travail et de salaires.

En France, le projet de loi, tel qu'il a été modifié par le Conseil supérieur du travail, est loin d'être satisfaisant ; mais le vif intérêt avec lequel le gouvernement ne cesse de s'occuper de cette réforme légitime les meilleures espérances pour l'avenir. En tout cas, l'expérience de l'Australie et de l'Angleterre est là pour prouver la justesse de l'idée directrice du projet primitif du gouvernement : confier aux comités de salaires le soin de fixer, non seulement les salaires à l'heure, — salaires qui, dans le projet du conseil du travail, constitueraient une base bien incertaine pour déterminer dans chaque cas particulier les salaires aux pièces, — mais encore ces derniers salaires. Cette expérience prouve aussi qu'il vaut infiniment mieux, dans l'intérêt général, charger les inspecteurs du travail de contrôler l'application de la loi, que de s'en remettre sur ce point à l'initiative d'ouvrières incapables d'agir par elles-mêmes.

Nous souhaitons que notre étude contribue à faire réfléchir sur cette question les membres du Parlement français et qu'elle les amène à rétablir dans sa forme première le projet de loi qui va leur être soumis.

CHAPITRE XI

CONDITIONS DE TRAVAIL ET DE SALAIRES DANS LES INDUSTRIES D'INTÉRÊT PUBLIC

Comment doivent être réglementées les conditions de travail et de salaires dans les industries d'intérêt public, par exemple dans les chemins de fer? Faut-il les assimiler aux autres industries privées et s'en remettre, sur ce point, à la lutte entre compagnies et syndicats, à la grève et aux révocations d'employés?

Ou bien faut-il entraver l'action des organisations créées par le personnel des compagnies, faire de la grève un délit tombant sous le coup de la loi, réserver ainsi un traitement de faveur à l'un des deux groupes d'intéressés et mettre peut-être l'autre, les employés de ces entreprises, dans l'obligation de travailler pour un salaire inférieur à celui de leurs camarades appartenant aux industries libres?

Ces deux solutions ont été discutées passionnément dans la presse et dans l'opinion publique, et l'on finira certainement, à la longue, par les reconnaître l'une et l'autre impraticables : la première parce qu'elle amène dans tout l'ensemble de la vie économique des perturbations dont l'absurdité est par trop évidente, la seconde parce qu'elle est contraire à l'esprit de justice des individus et de l'opinion publique, et parce que les travailleurs ainsi visés s'opposeraient naturellement, et de toutes leurs forces, à toute tentative de ce genre.

Nous nous trouvons ici en présence d'un cas où la méthode usitée jusqu'à ce jour pour fixer les salaires

est absolument inapplicable et où il est de toute nécessité que la loi intervienne pour créer des institutions
réglementant selon des modalités nouvelles les conditions de salaires et de travail.

Cette nécessité a été mise en lumière récemment par
les grèves des postiers et des cheminots français ainsi
que par la grève générale des chemins de fer anglais.

La première grève des postiers français, qui eut lieu
il y a deux ans, désorganisa, on le sait, toute la vie
économique de la nation et se termina par un succès
des grévistes fort humiliant pour l'autorité gouverne-
mentale. La seconde grève, qui éclata peu après, fut
réprimée ; mais cette répression suscita parmi les
employés une profonde exaspération.

La grève des cheminots de la compagnie du Nord et
de l'ancienne compagnie de l'Ouest causa aussi, en
1910, de fort graves préjudices à l'industrie et au
commerce français, et il fallut, pour y mettre fin, que
le gouvernement recourût à une mesure des plus criti-
quables au point de vue juridique : la mobilisation
militaire des employés.

Aussi le projet de loi présenté, à la suite de cette
grève, par le ministère Briand prévoyait-il déjà une
sorte de procédure arbitrale ; et le rapport de Millerand
va encore plus loin dans cette voie, qui est celle de la
véritable et définitive solution du problème. Tous
deux se sont inspirés de l'idée canadienne des tribunaux d'arbitrage facultatifs, qui fait intervenir, au lieu
d'une autorité coercitive, la puissance de l'opinion
publique. Aussi allons-nous consacrer le chapitre suivant à l'étude du développement de cette idée dans son
pays d'origine.

CHAPITRE XII

LES TRIBUNAUX D'ARBITRAGE FACULTATIF AU CANADA

Les grandes voies ferrées qui relient les fécondes plaines de l'ouest aux villes industrielles de l'est et aux côtes de l'océan Atlantique d'où l'on expédie les céréales en Angleterre, sont d'une importance capitale pour le Canada. Tout arrêt dans leur exploitation, tout différend susceptible de provoquer une grève, devait donc être un objet de terreur pour les fermiers dont les récoltes risquaient d'être immobilisées.

Le fait est que des grèves de ce genre ont, à diverses reprises, fait subir de considérables dommages à la richesse nationale du Canada. Aussi le désir de remédier à cet état de choses était-il vivement ressenti, depuis longtemps, par le gouvernement et le parlement canadiens.

Dès 1900 fut votée une loi donnant au secrétaire d'État du ministère du travail pleins pouvoirs pour s'entremettre en cas de conflit entre patrons et ouvriers.

Bien qu'elle ne fît appel à aucun pouvoir coercitif, cette loi a permis d'arranger à l'amiable plusieurs conflits menaçants. Cependant, il fallut bientôt reconnaître que la possibilité d'action d'un seul individu était restreinte et que, chose assez naturelle d'ailleurs, les parties n'étaient pas toujours disposées à accepter ses services. Les cercles dirigeants du Canada se virent donc dans la nécessité de rechercher d'autres méthodes plus efficaces pour aplanir les conflits du travail.

Adopter la procédure néo-zélandaise des tribunaux

d'arbitrage obligatoire avec ses pénalités contre les grévistes récalcitrants, était une mesure qui parut inopportune au gouvernement canadien, ennemi de tout radicalisme. On préféra prendre un moyen terme et ne faire agir que la contrainte morale exercée par l'opinion publique (1).

Le secrétaire d'Etat du ministère du travail soutint, dans son rapport (2), cette théorie que, au point de vue du simple citoyen, il existe deux sortes de conflits du travail. Quand il s'agit de grèves dans un tissage ou dans une fabrique de chaussures, l'individu qui n'y est pas intéressé, par exemple un membre des professions libérales, un agriculteur ou un imprimeur, n'en souffre que dans la mesure où ces grèves influent sur la situation commerciale en général, c'est-à-dire d'une façon tout à fait indirecte et peu sensible. Si, au contraire, il s'agit d'une grève des tramways, c'est toute la population de la ville qui se trouve atteinte, et une foule de gens qui n'ont aucun rapport d'intérêts avec les employés ou avec les actionnaires de la compagnie, subissent de sensibles dommages. Une grève d'ouvriers mineurs, d'employés de chemins de fer ou de télégraphistes, peut porter le désarroi et la ruine dans toute la vie économique d'un pays. Et le secrétaire d'Etat énumérait dans son rapport, parmi ces industries d'intérêt public, les tramways, les télégraphes et téléphones, l'éclairage au gaz et à l'électricité, les chemins de fer et les bateaux à vapeur, les mines de houille et de fer.

En ce qui concerne spécialement les chemins de fer, il fut promulgué, dès 1903, une loi prévoyant l'institution obligatoire de commissions d'enquête en cas de conflits. Mais le mouvement de réforme reçut une nouvelle impulsion en 1906-07, année qui fut particulière-

(1) Report of the Department of Labour. For the fiscal year 1908. Ottawa. P. 50.

(2) Voir le rapport cité ci-dessus, p. 51.

ment riche en soucis pour les milieux commerçants et
industriels du Canada. Il y eut, en effet, dans les
mines de houille de Lethbridge, une grève qui amena
une hausse considérable du charbon et devint, par
suite, une véritable calamité pour les populations agricoles de l'ouest. L'hiver approchait, et la grève durait
toujours. Le froid vint ; la houille était arrivée à des
prix inabordables. Alors, la diète de Saskatchewan
demanda au ministère du travail d'intervenir : le secrétaire d'Etat se rendit en personne à Lethbridge et
réussit à arranger l'affaire.

Cet incident convainquit l'opinion publique de l'im-
perfection du système adopté jusqu'alors pour prévenir
de tels conflits, car les ouvriers mineurs aussi bien
que la compagnie demeuraient absolument insensibles
à l'idée que l'arrêt du travail dans les mines était une
calamité pour des tierces personnes. On estima alors
que c'était à l'Etat seul qu'incombait la mission d'organiser la défense de ces tierces personnes et d'empêcher que leurs droits ne fussent lésés ; aussi, afin de
protéger l'intérêt public contre les déclarations de
grève dans les industries énumérées ci-dessus, le
ministère réclama-t-il le vote d'une loi instituant des
commissions d'enquête obligatoires. Un projet rédigé
en ce sens fut adopté par les deux chambres du parlement et sanctionné par le roi le 22 avril 1907 (1).

L'idée fondamentale de cette loi est que, dans tous
les conflits du travail concernant des industries d'intérêt public, une commission d'enquête doit être instituée
et qu'aucune grève ne peut être déclarée tant que la
commission n'a pas prononcé son verdict. Celui-ci une
fois rendu, la déclaration de grève est permise. Il ne
s'agit donc pas d'un tribunal d'arbitrage *obligatoire*.
Le seul but que l'on voulait atteindre et que l'on attei-
gnit ainsi, c'était que l'opinion publique, dûment ren-
seignée par le verdict de la commission, se trouvât à

(1) Voir, page 161 de l'appendice, le texte de la loi.

même d'agir de toute son influence contre celle des parties qui, bien que ses prétentions eussent été déclarées injustifiées par la commission, voudrait ouvrir les hostilités.

Chaque commission se compose de trois membres, dont deux représentants des parties en cause et un troisième nommé par eux ou, en cas de désaccord, par le gouvernement. Dès la première année, il fut fait appel à la loi dans 35 cas, aussi bien par des compagnies que par des ouvriers de mines, de tramways, etc. (1) Souvent, la simple annonce de la nomination d'une commission suffit pour amener une entente. Dans la plupart des cas, cependant, la commission dut effectivement fonctionner, notamment dans des différends dont les mines de l'Est furent le théâtre. Au cours des années suivantes, c'est-à-dire jusqu'à ce jour, il a été porté devant des commissions d'enquête 112 conflits qui, tous, rentraient dans le cas prévu par la loi et à propos desquels le représentant de l'une des parties en cause avait déclaré que, si la commission n'intervenait pas, il y aurait grève ou lock-out. Dans 102 de ces cas, la décision de la commission permit d'éviter la grève, et il n'y eut déclaration de grève ou de lock-out, *après* le prononcé de la sentence, que dans 10 cas.

Les résultats furent particulièrement heureux durant les deux premières années qui suivirent la promulgation de la loi. 55 cas furent soumis à des commissions : dans 6 cas l'accord se fit aussitôt ; dans les 49 autres, il fallut procéder à la nomination des commissions d'enquête, dont les décisions furent adoptées par les deux parties dans 47 cas ; dans 2 cas seulement, il y eut grève après que la sentence eut été rendue.

Une occasion, qui montra d'une façon particulièrement frappante les effets de la loi, se présenta au commencement de l'année 1908. A cette date, éclata dans la ville américaine de Philadelphie une grève des employés

(1) Voir un cas typique, page 165 de l'appendice.

de tramways, qui paralysa durant dix jours toute la
cité et amena des batailles dans les rues entre les
employés et la police. A la même époque, un conflit
entre la compagnie et les employés de tramways de
Winnipeg (chef-lieu d'une province du Canada) se
trouvait soumis à une commission d'enquête. Le président de celle-ci, nommé par le gouvernement, était
un pasteur protestant, les deux assesseurs, un gros
négociant de la ville et un secrétaire de syndicat choisi
par les employés et possédant une longue expérience.
L'enquête dura quinze jours ; la commission entendit
des témoins, mit en pleine lumière tous les points de
la question et finit par rendre, à l'unanimité, une sentence qui fut acceptée par les deux parties. Toute perturbation de la vie publique fut ainsi écartée.

Ainsi que nous l'avons dit plus haut, la grève ne put
être évitée, au cours des deux premières années, que
dans deux cas (sur 55). Le premier cas était relatif aux
mines de Cumberland. Mais, ici, le conflit avait été
précédé d'une série d'autres différends qui, tous, avaient
été tranchés au moyen de la grève, et l'état d'esprit
des ouvriers ne pouvait donc être favorable aux idées
d'arbitrage. La commission d'enquête se réunit pourtant, sur la demande des ouvriers, et ceux-ci obéirent
à la loi, qui interdit de déclarer la grève *avant* que le
verdict soit rendu. Ce verdict donna satisfaction aux
patrons sur l'un des points et, sur l'autre, aux ouvriers.
Mais ceux-ci, refusant de se soumettre à la sentence,
commencèrent une grève qui dura trois mois, au bout
desquels ils furent forcés d'accepter les conditions proposées par la commission d'enquête.

Le second cas concernait les mécaniciens de la ligne
de l'océan Pacifique. Ici encore, les intéressés attendi-
rent, pour déclarer la grève, que la commission d'enquête eût fait connaître sa décision. Celle-ci fut prise
par deux voix, celles du président et du représentant
de la compagnie, contre une, celle du représentant des
mécaniciens. Ces derniers, faisant usage de leur droit

légal, déclarèrent alors la grève. Ils durent d'ailleurs,
au bout de deux mois, reprendre le travail, et cela
dans les conditions que la commission avait indiquées.
Mais le fait même que, dans ces deux cas, les grévistes
furent forcés de reconnaître que, soutenus par l'opinion publique, leurs employeurs étaient invincibles,
disposa les ouvriers, dans les conflits qui survinrent
ensuite, à accepter la sentence de la commission. A
côté de ces deux interventions malheureuses, on
compta en effet, comme nous l'avons déjà noté, dans
ces deux premières années, 53 interventions couron-
nées de succès, à savoir 25 dans des conflits intéressant des mines, 14 dans les chemins de fer, 3 dans les
tramways, etc.

Cette loi fit aussi sensation en dehors du Canada, notamment aux Etats-Unis, et le professeur Victor S. Clark
publia à ce sujet, dans le bulletin de l'Office du travail,
un long article où il se place au point de vue d'un
étranger étudiant la possibilité d'introduire une loi
analogue dans d'autres Etats (1). Il constata que les
patrons canadiens sont presque tous partisans de cette
loi. Ceux surtout dont les industries ne sont pas directement visées, sont unanimes à l'approuver, leurs
entreprises étant ainsi protégées contre les dangereuses
conséquences d'un arrêt du travail dans les usines et dans
les chemins de fer (2). Ajoutons qu'une enquête faite
auprès des directeurs de mines a donné également une
forte majorité de réponses favorables à la loi.

Chez les ouvriers, l'accueil fait à cette dernière n'a
pas été si uniforme. Le premier congrès annuel des
syndicats canadiens qui eut lieu après la promulgation
de la loi se déclara, à une grande majorité, en faveur
de la loi, tandis que, au congrès tenu l'année suivante,
on réclama quelques amendements. Ce que l'on criti-

(1) Bulletin of the Bureau of Labour, January 1910. Washington.
Government printing office.
(2) Voir l'article du professeur Clark, p. 10 du bulletin de l'Office du
travail.

que surtout, dans les milieux syndicaux, c'est la disposition interdisant la grève pendant les délibérations de la commission d'enquête, disposition qui, dit-on, permet aux patrons de se préparer à la lutte en faisant venir des briseurs de grève, en faisant procéder à des travaux d'urgence dont la non-exécution entraîne des peines conventionnelles, etc. Cependant, le fait que la majorité du congrès syndical s'est prononcée en faveur de la loi nous montre que les ouvriers y trouvent aussi leur avantage : car ils peuvent maintenant, par la décision de la commission d'enquête, obtenir sans sacrifices de leur part ce qu'il leur fallait jadis conquérir aux prix de privations et en affrontant les risques d'une grève.

Quant aux milieux non intéressés, ils sont, à une majorité écrasante, partisans de la loi. Le grand public qui lit les journaux, dit Clark, la considère comme une sauvegarde contre des grèves arbitraires. Les hommes à larges vues et à préoccupations d'ordre social se félicitent de voir cesser les inutiles dommages causés au capital et au travail par les grèves des grandes entreprises publiques, et ils espèrent que les heureux effets de cette loi décideront le législateur à l'étendre aux autres entreprises industrielles. Clark déclare avoir l'impression que, du printemps de 1908 à l'été de 1909, l'opinion publique s'est considérablement modifiée en faveur de la loi, précisément parce que celle-ci est entrée dans les mœurs et a montré les précieux résultats qu'elle pouvait donner.

En somme, l'expérience de ces quelques années a été si favorable que l'idée d'une extension de la loi à tout l'ensemble des industries canadiennes, extension déjà réclamée par le congrès syndical de 1907, gagne de plus en plus de terrain. Mais plus caractéristique encore est l'intérêt croissant que cette loi suscite aux États-Unis, où l'on a déposé, dans plusieurs États, des motions demandant une législation analogue. Ainsi, le parlement de Massachusetts s'est occupé, dans l'hiver de 1910, d'une motion de ce genre, et d'autres sont discutées actuellement en Californie, au Wisconsin et dans l'État d'Ohio.

L'idée a même pénétré au delà des mers, au Transvaal où, après deux années d'études, une loi analogue a été votée sur les données fournies par le ministère canadien du travail.

Quant au projet présenté en France par Briand après la dernière grève des chemins de fer, nous avons déjà dit, au chapitre précédent, qu'il se rapproche, sur bien des points, de la loi canadienne.

C'est que celle-ci représente, en effet, l'unique essai de résoudre le problème de la grève là où il est le plus dangereux, là où il réclame la solution la plus immédiate, c'est-à-dire dans les industries d'intérêt public, et de le résoudre en touchant aussi peu que possible au principe de la liberté qui régit notre système économique.

Si, de même que tous les compromis, cet essai ne pouvait atteindre complètement son but, il a, tout au moins, notablement atténué la gravité du mal.

CHAPITRE XIII

LES TRIBUNAUX INDUSTRIELS D'ARBITRAGE
OBLIGATOIRE EN NOUVELLE-ZÉLANDE

Plus connue que toutes les lois étudiées dans les chapitres précédents est déjà, sur le continent européen, la législation d'arbitrage de la Nouvelle-Zélande, — et cela d'abord parce qu'elle est la plus ancienne de toutes: elle est, en effet, entrée en vigueur en 1894, alors que les premiers comités de salaires de Victoria ne furent institués qu'en 1895 et que leur extension graduelle au reste de l'industrie n'eut lieu que dans les premières années du nouveau siècle, sans parler de la loi canadienne qui ne fut promulguée qu'en 1907.

Mais cette notoriété de la loi néo-zélandaise, qui amena entre autres, il y a quelques années, le dépôt d'un projet de loi élaboré sur le même modèle par le ministre Millerand, cette notoriété, disons-nous, a encore une cause plus profonde. Tandis que la législation de Victoria ne voulait, en principe, que protéger les malheureux ouvriers en chambre et ne devint que peu à peu, encouragée par ses premiers succès, une loi d'une plus haute importance et régissant toute l'industrie, le législateur néo-zélandais avait eu en vue, dès l'abord, ce but précis: *substituer à la grève et au lock-out, pour la fixation des conditions de salaires et de travail, l'action de tribunaux de conciliation et, comme seconde instance, la décision d'une cour d'arbitrage.*

Ce but a été, ainsi que nous allons le voir, complè-

tement atteint en Nouvelle-Zélande. A part de fort
rares exceptions, il n'y a plus eu de grèves dans ce
pays depuis 17 ans que la loi existe. Par contre, dans
plusieurs des Etats qui suivirent l'exemple de la Nouvelle-Zélande, et notamment dans la Nouvelle-Galles du
Sud, les résultats ne furent pas aussi satisfaisants. De
nombreux mouvements grévistes, tels que ceux des
mines d'argent de Brokenhill, montrèrent l'insuffisance
des moyens fournis par la loi lorsque les ouvriers faisaient preuve de mauvaise volonté. Aussi la Nouvelle-
Galles du Sud a-t-elle, ainsi que nous l'avons dit, renoncé en 1908 à ce système pour adopter celui des
comités de salaires de Victoria.

Pour ce dernier pays, la commission d'enquête de
1902-03, dont nous avons parlé à diverses reprises aux
chapitres VI et VII, avait, on se le rappelle, proposé
l'introduction de tribunaux d'arbitrage à la manière
néo-zélandaise, en appuyant cette proposition sur une
pénétrante critique de l'évolution des comités de
salaires de Victoria. Le parlement ne la suivit pas dans
cette voie, et l'avenir démontra qu'il avait eu raison.

En résumé, on peut dire que la loi néo-zélandaise a
parfaitement pris racine dans son pays d'origine, mais
qu'on n'a pas réussi jusqu'à ce jour à la transplanter
ailleurs.

Nous allons étudier l'histoire de cette loi, ses résultats et ses possibilités d'avenir.

Présentée en 1892 par le président du conseil des
ministres, qui était alors M. P. Reeves, repoussée par
la Chambre haute dans les deux sessions parlementaires de 1892 et de 1893, elle fut finalement adoptée
en août 1894 et entra en vigueur le 1er janvier 1895.
Après la chute de Reeves, qui survint peu après, ce
furent une paire d'amis, comme il y en a eu rarement à
la tête d'un Etat, tous deux également doués et se com-
plétant réciproquement, qui conduisirent cette loi à
ses succès désormais historiques.

Ces deux amis étaient Seddon, qui fut durant de

longues années président du conseil des ministres de
la Nouvelle-Zélande et qui se distinguait par une rare
compréhension des réalités de la vie industrielle, et
Tregear (1), secrétaire d'Etat au ministère du travail,
esprit remarquable par la profondeur de ses idées sociologiques. Par leur action commune, l'un dans le domaine de la théorie, l'autre dans celui de la pratique,
et en s'appuyant sur les données de l'expérience, ils
ont amélioré la loi d'année en année, l'ont adaptée à
toutes les nécessités de la vie économique et l'ont ame-
née au point de perfection où elle est aujourd'hui.

La loi primitive de 1895 dit que tous les conflits
entre syndicats ouvriers et unions patronales ou patrons
isolés doivent d'abord être soumis à l'un des sept tribunaux de conciliation qui siègent dans les chefs-lieux
de provinces. Ces tribunaux comprennent deux délégués des syndicats ouvriers, deux délégués des patrons,
et un cinquième membre, impartial, choisi par les
quatre délégués. Si ces derniers ne peuvent se mettre
d'accord sur ce choix, le cinquième assesseur est

(1) Il nous a été donné de faire la connaissance de Seddon, peu de
temps avant sa mort, et d'interroger Tregear au sujet des motifs qui
l'avaient guidé dans l'édification de la législation néo-zélandaise. Tregear reconnut qu'il avait, « de propos délibéré, voulu travailler à la
réalisation de l'idéal socialiste et qu'il considérait la législation conçue
par lui et appliquée par Seddon avec tant de succès comme un pas
dans la voie du socialisme ». On ne peut cependant contester une certaine exactitude à l'opinion émise par divers auteurs, notamment par
Métin dans son livre *Le Socialisme sans doctrines*, opinion d'après
laquelle les législations australienne et néo-zélandaise seraient de
nature purement expérimentale et n'auraient pas eu conscience de leur
tendance au socialisme. Il était, en effet, dans le caractère de Seddon
de ne se laisser guider en tout que par des considérations d'utilité pratique et immédiate. Par contre, le néo-zélandais Tregear, et les membres actuels du ministère socialiste qui préside aux destinées de la
confédération australienne, sont indubitablement, comme nous avons
pu le constater maintes fois dans les entretiens que nous avons eus
avec eux, partis sciemment de principes socialistes, bien qu'ils aient
préféré ne parler jamais à la foule de leurs partisans que de l'utilité
de la réforme qu'ils se proposaient d'entreprendre. Car ils estimaient,
et avec raison, que l'ouvrier anglo-saxon, s'il comprend parfaitement
les points de vue utilitaires et actuels, est peut-être moins accessible à
un lointain idéal d'avenir.

nommé par le gouvernement. Le tribunal de concilia‑
tion procède à une minutieuse enquête et tâche d'ame‑
ner une entente à l'amiable entre les parties en
cause (1). Si cette entente a lieu, il est dressé un pro‑
cès-verbal, auquel les deux parties sont tenues de se
conformer. Dans le cas contraire, l'affaire est renvoyée
devant la cour d'arbitrage, dont la juridiction s'étend
à toute la Nouvelle-Zélande (un amendement de 1901
permettait même, pour gagner du temps, de porter le
conflit directement devant cette cour, sans passer par
le tribunal de conciliation). La cour se compose de
deux assesseurs élus l'un par tous les syndicats
ouvriers, l'autre par toutes les unions patronales du
pays, ainsi que d'un président impartial nommé par le
gouvernement et pris, en règle générale, parmi les
magistrats de la Cour suprême. La cour d'arbitrage
possède les pouvoirs les plus étendus et peut même se
faire présenter les livres de commerce. C'est ainsi que,
dans un conflit entre des fabricants de chaussures
d'Auckland et leurs ouvriers, les patrons prétendaient
ne pouvoir payer que des salaires inférieurs parce que
leurs frais de production étaient très élevés. La cour
leur enjoignit de présenter leurs livres, constata alors
la fausseté de leur assertion et se prononça en faveur
des ouvriers. — Les décisions de la cour d'arbitrage
sont valables pour une période de temps déterminée
(deux ans au plus), au bout de laquelle elles peuvent
être renouvelées.

Il ne peut être fait appel des sentences de la cour
d'arbitrage à aucune autre juridiction ; toutes les infrac‑
tions sont punies d'amendes qui, pour les syndicats
ouvriers et les unions patronales, peuvent s'élever jus‑
qu'à 12.500 francs ; en cas de non paiement, les mem‑
bres de ces syndicats et de ces unions sont personnel‑

____

(1) Voir le *Report of the Royal commission*, déjà cité, p. 8, ainsi
que l'étude d'Albert Métin, que nous avons aussi citée souvent : *Le
Socialisme sans doctrines*, p. 197.

lement responsables jusqu'à concurrence de 250 francs chacun.

Toute rupture de la paix durant les débats devant la cour d'arbitrage est également passible d'une amende de 1.250 francs au maximum.

L'administration des chemins de fer de l'État et ses employés ont été, eux aussi, assujettis à la loi par un amendement de 1900.

Un autre amendement, daté de 1901, autorise les parties à réclamer de la cour d'arbitrage la nomination d'une sous-commission d'experts, cela afin de remédier à l'inconvénient que nous avons déjà signalé au chapitre VIII et qui constitue la principale infériorité du système néo-zélandais comparé aux comités de salaires de Victoria, à savoir que les juges ne sont pas au courant des questions techniques particulières à chaque industrie.

La cour d'arbitrage a le droit d'ériger en règle générale, pour tous les syndicats ouvriers et unions patronales du district, même pour ceux au sujet desquels elle n'a pas eu à statuer spécialement, les décisions prises par elle dans un conflit entre un syndicat et une union.

Les dispositions visant les ouvriers qui refusent de s'incliner devant la sentence arbitrale ont été aggravées. Si un ouvrier cesse le travail pendant les délibérations de la cour d'arbitrage ou immédiatement après la décision de celle-ci, il est tenu de prouver qu'il n'a pas agi ainsi dans un but de protestation et de révolte.

D'autres amendements importants furent votés en 1908. Les tribunaux de conciliation reçurent des pouvoirs plus étendus et les parties furent de nouveau tenues de s'adresser d'abord à ces tribunaux avant de pouvoir faire appel à la cour d'arbitrage. On a voulu ainsi, dans tous les différends qui peuvent être aplanis sans qu'il soit besoin de pouvoirs extraordinaires, éviter l'interminable procédure et les longs débats qu'en-

traînait l'appel à cette suprême instance et qui valaient
à la loi de nombreuses attaques (1).

Quant à ce qui concerne le fonctionnement de cette
loi, tous ceux qui l'ont étudié, notamment la commission d'enquête de Victoria (et cela malgré qu'elle fût,
comme nous l'avons déjà dit, généralement bien disposée en faveur de la législation néo-zélandaise), recon-
naissent que les tribunaux de conciliation, tels que les
avait créés la loi de 1895 et même tels que les avaient
rendus les amendements votés jusqu'en 1902, n'ont été
que rarement capables de trancher définitivement des
conflits. La plupart de ceux-ci durent être portés devant
la *cour d'arbitrage*, et l'amendement de 1901, qui permettait de ne pas passer par ces tribunaux, était déjà
un aveu de leur peu de succès. La commission d'enquête de Victoria dit, avec raison, que la faute en était
à la loi elle-même, celle-ci n'accordant aux tribunaux
de conciliation qu'une compétence trop restreinte. A
quoi nous pouvons ajouter que, en présence des graves facteurs psychologiques qui interviennent dans
tout conflit, — et ce n'est qu'en cas de conflit qu'il est
fait appel, en Nouvelle-Zélande, aux tribunaux de conciliation, — il est absolument insuffisant de donner
simplement à ces derniers le pouvoir de recommander
l'entente.

Une proposition radicale, tendant à supprimer ces
tribunaux et à soumettre tous les conflits à la cour
d'arbitrage, fut cependant repoussée par le gouvernement néo-zélandais, et la commission d'enquête de
Victoria, dans son rapport, écarta aussi cette idée.
Tout le monde s'accordait à penser que des tribunaux
locaux, pouvant étudier une affaire à tête reposée,
présentent malgré tout de meilleures garanties que

(1) Voir, page 166 de l'appendice, le texte de la loi, tel qu'il fut établi au début de 1908, pour ne plus être modifié, sur les points indiqués ci-dessus, que par l'amendement voté à la fin de cette même
année.

l'examen plutôt superficiel d'une cour siégeant à la capitale.

L'amendement de 1901 eut pour résultat réel que la plupart des conflits furent désormais portés directement devant la cour d'arbitrage. Et c'est à partir de cette date que l'opinion publique réclama de plus en plus vivement une réforme de la loi. Le secrétaire d'Etat du ministère du travail écrit à ce sujet, dans son rapport (1), que la lenteur des débats devant la cour d'arbitrage a provoqué beaucoup de mécontentement et que le caractère rigide des peines prononcées par elle contre les ouvriers récalcitrants a suscité aussi, dans le monde du travail, beaucoup d'irritation qui aurait pu être évitée. Ce fut à cette époque que, — après un intervalle de 13 ans (1894-1907) où, sauf quelques exceptions parfaitement négligeables, il ne s'était produit aucune grève, — éclatèrent pour la première fois, en signe de révolte ouverte contre les décisions de la cour d'arbitrage, quelques grèves dont le bruit, parvenu en Europe, fit conclure à la faillite de la législation néo-zélandaise.

Conclusion trop hâtive, car l'amendement du 10 octobre 1908, dont nous avons parlé plus haut, fit disparaître la plupart des points faibles de la loi et, dès 1911, le secrétaire d'Etat pouvait, dans son rapport pour 1910 (2), enregistrer avec satisfaction le retour à une obéissance presque absolue aux décisions de la cour d'arbitrage. Dans toute l'année 1910, il n'y eut en effet que deux grèves, l'une intéressant 27 et l'autre 50 grévistes, et qui ne durèrent toutes deux que quelques jours (3). Cela, dans un pays où il existe plus de 80.000 ouvriers de fabriques et où, avant la promulgation de la loi, le nombre des grévistes se chiffrait tous les ans

(1) Eighteenth Annual Report of the Department of Labour. Wellington. 1909.

(2) Twentieth Annual Report of the Department of Labour. Wellington. 1911.

(3) *Ibid.*, p. 9.

par myriades. En somme, on peut dire que la grève a disparu et que le but essentiel de cette nouvelle législation sociale a été pleinement atteint.

Relativement peu nombreuses furent aussi les peines prononcées contre des patrons pour n'avoir pas payé les salaires minima fixés par les sentences arbitrales : il n'y eut, en 1910, que 119 cas de ce genre. Furent également punis, au cours de cette année, 59 ouvriers qui avaient aidé leurs patrons à tourner la loi en acceptant un salaire inférieur au minimum. Ajoutons à cela, en ce qui concerne les salaires établis pour les heures supplémentaires, 39 amendes pour non paiement de ces salaires et 17 pour acceptation d'un salaire inférieur, ainsi que 56 amendes infligées à des patrons qui ne notaient pas sur un livre spécial tous les salaires et toutes les heures supplémentaires, etc. Au total, on relève 474 peines prononcées contre des patrons et 202 contre des ouvriers.

La sécurité pour les travailleurs, qui n'ont plus à craindre les pertes résultant d'une cessation de travail imposée par les patrons, les avantages économiques que ces derniers retirent de la paix apportée à toute l'industrie, avantages qui permirent d'améliorer graduellement, par voie de décisions arbitrales, les conditions de salaires et de travail, telles sont les heureuses conséquences de la législation néo-zélandaise.

Du reste, cette amélioration de la situation matérielle des travailleurs ne consista pas essentiellement à fixer à un taux plus élevé les salaires minima. Il ne s'agit pas, en Nouvelle-Zélande, d'ouvriers en chambre indignement exploités comme l'étaient ceux de Melbourne ou de Londres. Il n'y a pas ici de grandes villes ; l'organisme social de la nation est foncièrement sain ; partout, ouvriers et patrons constituent deux classes parfaitement conscientes de leurs intérêts respectifs. Aussi les salaires étaient-ils assez satisfaisants avant même la promulgation de la loi, et la plupart des ouvriers néo-zélandais reçoivent en réalité

beaucoup plus que le minimum établi par la cour
d'arbitrage ou par les tribunaux de conciliation. En
somme, ici comme à Victoria, les ouvriers capables
sont toujours certains de gagner plus que le salaire
minimum. Ainsi, dans son rapport pour 1908 (1), le
secrétaire d'État du ministère du travail constate par
exemple que, dans la cordonnerie, 66 0/0 des ouvriers
d'Auckland, 85 0/0 de ceux de Wellington et 66 0/0
de ceux de Christchurch ont reçu des salaires supérieurs au minimum, et il en était de même pour
91 0/0 des menuisiers d'Auckland, 57 0/0 de ceux de
Wellington et 570/0 de ceux de Christchurch.

L'expérience de la Nouvelle-Zélande nous montre
donc, une fois de plus, que la fixation légale d'un
minimum de salaire n'est nullement contraire aux
intérêts des ouvriers capables et n'annihile pas en eux
le désir de se distinguer par leur travail.

Mais ce qu'il y a de capital dans l'action de la législation d'arbitrage, c'est qu'elle *modifie, par une série
de décisions préjudicielles de la cour d'arbitrage, l'es-
sence même du contrat de travail*, qu'elle transforme le
rapport de subordination qu'il implique en un rapport
de coordination, et qu'elle a érigé en règle générale
et sans exception la journée de huit heures ainsi qu'une
série d'autres mesures favorables à la santé physique
et au développement intellectuel de la classe ouvrière.

En résumé, l'arbitrage obligatoire a, en Nouvelle-
Zélande, atteint son but qui était de supprimer la
grève ; il a amélioré les conditions de travail des
ouvriers, et en même temps, par la sécurité qu'il a
donnée aux entreprises industrielles, il a dédommagé
les patrons des charges nouvelles qui leur étaient
imposées. Pour les pays de grande industrie, possédant une classe ouvrière instruite, forte, groupée en
de puissantes organisations syndicales, l'exemple de la
Nouvelle-Zélande sera donc toujours des plus intéres-

(1) Report of the Department of Labour, Wellington, 1909.

sants. L'insuccès partiel qui suivit l'introduction de cette législation dans la Nouvelle-Galles du Sud ne prouve rien contre elle, car la cause de cet insuccès fut qu'il n'existait pas, ici, la ferme volonté d'appliquer, malgré toutes les difficultés, le principe d'arbitrage en l'adaptant de mieux en mieux aux nécessités sociales.

Mais n'oublions pas que si l'expérience de la Nouvelle-Zélande fut couronnée de succès, elle le dut aussi à la largeur de vues de la classe ouvrière néo-zélandaise et à l'esprit de progrès dont celle-ci est animée. Aussi, pour des pays moins avancés, la loi canadienne, qui s'arrête à mi-chemin, est-elle une excellente mesure de transition.

Il faut remarquer aussi que l'application du principe néo-zélandais a pour condition indispensable la formation de syndicats et que, par conséquent, ce principe est inapplicable aux industries en chambre et à de vastes domaines du travail féminin, où une éducation sociale insuffisante empêche toute organisation syndicale. Donc, pour les pays qui, moins heureux que la Nouvelle-Zélande, comptent parmi leur population ouvrière de nombreuses catégories de travailleurs qui ne se sont pas encore élevés à la conscience de classe, des comités de salaires, analogues à ceux de Victoria, s'imposent.

Quant à savoir si l'existence simultanée de comités de salaires (capables de remplacer complètement les syndicats) pour les catégories de travailleurs encore non organisés, et de tribunaux d'arbitrage appuyés sur de puissants syndicats, pour le reste de la classe ouvrière, représente la meilleure solution ou si, au contraire, celle-ci consiste à étendre à toute l'industrie le système des comités de salaires, — c'est là une question délicate à trancher et qui touche à des problèmes philosophiques. Il est hors de doute que les comités de salaires réalisent à un plus haut degré le principe de la fixation *légale* des conditions de travail et de salaires. Ils excluent la lutte et la psychologie de la lutte ; ils se rapprochent bien plus de ce que sera le milieu d'un Etat socialiste. Les tribunaux d'arbitrage, qui s'occupent de conflits entre des groupes d'intéressés en lutte l'un contre l'autre, se placent davantage sur le terrain de l'ordre social actuel, où le principe de la lutte et la psychologie de la lutte occupent une place si considérable. Dans leur situation intermédiaire entre les comités de salaires de Victoria et la lutte de tous contre tous qui domine le monde industriel de l'Europe moderne, ils font encore une certaine place aux grandes idées de solidarité, de sacrifice, etc., qui caractérisent le prolétariat européen. En Australie, dans un milieu social devenu pacifique, ces idées disparaissent peu à peu, quelle que soit d'ailleurs l'activité incessante et réfléchie avec laquelle on travaille là-bas à l'œuvre de civilisation.

On peut, à un point de vue esthétique, être tenté de regretter cette disparition d'une des manifestations de l'énergie humaine, de cette énergie qui, particulière à la lutte pour la vie, a fourni à la poésie des thèmes remarquables. Cependant, le passage de l'*état de guerre* à l'*état de paix* constitue, dans ce domaine comme dans les autres, — et bien que, d'ordinaire, il n'y ait pas ici de sang versé, — un immense progrès de l'espèce.

Nous pouvons donc conclure en disant que le système d'arbitrage de la Nouvelle-Zélande représente un plus haut niveau d'évolution que l'anarchie qui règne dans la vie industrielle de l'Europe, mais que la substitution, opérée en 1908 dans la Nouvelle-Galles du Sud, des comités de salaires aux tribunaux d'arbitrage, pourrait bien être un symptôme indiquant que l'avenir appartient à la méthode, d'apparences plus modestes, mais, au fond, infiniment plus harmonieuse, inaugurée par Victoria.

CHAPITRE XIV

PREMIERS ESSAIS DE TRIBUNAUX D'ARBITRAGE INDUSTRIEL EN ANGLETERRE, AU DANEMARK ET EN FRANCE

L'idée d'aplanir d'une façon rationnelle les différends qui surgissent dans l'industrie et d'éviter les inutiles dommages que la cessation du travail cause aux deux parties adverses, cette idée paraît répondre tout spécialement à l'instinct pratique et utilitaire de la race anglo-saxonne, puisque nous avons vu le Canada, la Nouvelle-Zélande, Victoria et la Nouvelle-Galles du Sud entrer tous dans cette voie.

Dans la vieille-Angleterre elle-même, cette tendance s'est manifestée depuis quelques années, d'une part, ainsi que nous l'avons montré au chapitre IX, par la création de comités de salaires analogues à ceux de Victoria, de l'autre, par l'institution, inspirée de l'exemple du Canada, d'un tribunal d'arbitrage pour les conflits entre les compagnies de chemins de fer et leurs employés. Dès 1907 en effet, les compagnies anglaises, menacées d'une grève générale des cheminots, ont, sous la pression du gouvernement, souscrit à une convention, valable pendant sept ans, et d'après laquelle tous ces conflits devront être soumis à des tribunaux de conciliation spéciaux, qui ont été établis dans les principaux centres de voies ferrées.

De fait, un grand nombre de différends ont été portés devant ces tribunaux qui, bien que ne possédant aucun pouvoir coercitif, peuvent éclaircir bien des malentendus, et beaucoup de ces différends furent réglés

pacifiquement. Aussi les compagnies se sont-elles, peu
à peu, ralliées à cette institution qu'elles n'avaient tout
d'abord acceptée qu'à leur corps défendant. Elles se
plaignent seulement que, trop souvent, les ouvriers
dédaignent les propositions des tribunaux de conciliation et déclarent quand même la grève, et elles réclament la transformation de ces tribunaux en cours
d'arbitrage obligatoire, c'est-à-dire le passage de la
méthode canadienne au système néo-zélandais, — phénomène d'autant plus caractéristique que, ailleurs, ce
sont précisément les patrons qui se montrent le moins
favorables à ce dernier système (1).

De leur côté, les ouvriers ont critiqué la lenteur des
débats. A cette critique, les partisans des tribunaux de
conciliation répondirent que, au point de vue psychologique, il y avait, au contraire, avantage à gagner du
temps, les passions pouvant s'apaiser dans l'intervalle.
Les ouvriers étaient mécontents aussi de ce que, dans
ces tribunaux, il n'y ait que des employés de la compagnie et des représentants de celle-ci, donc des inférieurs en présence de leurs supérieurs, de simples
agents ou ouvriers en face de professionnels du droit.
Ils réclamaient des négociations officielles et directes
entre compagnies et syndicats ouvriers, de façon à
permettre à d'autres personnes n'appartenant pas au
personnel de la compagnie intéressée, jouissant par
conséquent d'une complète indépendance à l'égard de
cette dernière et possédant aussi des connaissances
juridiques, par exemple aux secrétaires de syndicats,
de parler au nom des ouvriers. Acquiescer à ce desideratum, c'était, pour les compagnies, reconnaître les
syndicats; elle s'y refusèrent, et ce fut, on le sait, ce
qui amena la récente grève générale des cheminots
anglais. Déjà, on parlait de la faillite du principe d'arbitrage en Angleterre, lorsque, deux jours après le dé-

---

(1) Voir une correspondance adressée de Liverpol au *Temps* (numéro
du 17 août 1911), lors de la grève générale des cheminots anglais.

but de la grève, le gouvernement réussit à établir une
entente entre les adversaires. On décida de maintenir
les tribunaux de conciliation et de rechercher les formes
et les méthodes les plus propres à leur assurer une
action efficace. Il fut aussitôt institué une commission
d'enquête qui vient de promulguer ses décisions, favorables au maintien et à l'extension des institutions arbitrales.

Nous verrons dans quelques mois jusqu'à quel point
l'Angleterre aura su appliquer l'idée de l'arbitrage
industriel, — en attendant qu'elle l'applique à d'autres
domaines, — à l'industrie des transports par voie
ferrée, industrie qui, au Canada, fut aussi la première
à posséder ses tribunaux d'arbitrage.

Le 5 septembre 1899, date où les patrons danois
échouèrent dans leur tentative de briser la puissance
des syndicats ouvriers en déclarant un lock-out général, le Danemark entra, lui aussi, dans la voie de l'arbitrage industriel. Un accord fut en effet conclu, ce
jour-là, entre les unions patronales et les syndicats
ouvriers, et l'on constitua un tribunal d'arbitrage, pour
trancher tous les différends qui pourraient naître de
l'interprétation de cet accord (1).

Ce tribunal, qui se composait d'un nombre égal de
représentants des deux organisations, sous la présidence d'un fonctionnaire de la justice choisi par les
deux parties, avait au début un caractère absolument
privé ; mais l'État lui donna plus tard la sanction officielle et rendit obligatoire dans tous les cas l'appel au
tribunal d'arbitrage. De nombreux différends de nature
juridique lui furent effectivement soumis au cours des
années qui suivirent, et, chaque fois, unions et syndicats se soumirent à ses décisions. Mais cela n'empê-
chait pas les contestations relatives aux conditions de

(1) V. l'article du Dr P. Munch, ancien ministre de l'intérieur, Copen-
hague, sur la législation danoise relative aux conflits sociaux. Dokumente des Fortschritts (édition allemande des *Documents du Progrès*),
novembre 1911.

salaires et de travail d'être très fréquentes ; et celles-ci prirent même, en 1908, une telle extension que le ministre de l'intérieur, S. Berg, membre d'un cabinet modéré, se vit forcé d'intervenir. Il réussit à réconcilier les parties en lutte et à instituer en même temps une commission, composée moitié d'ouvriers et moitié de patrons, et chargée d'étudier la création d'une *cour d'arbitrage permanente et obligatoire*, dont on espérait qu'elle restreindrait le nombre des conflits. La commission commença ses séances en août 1908. Elle comprenait d'abord 10 représentants des patrons et 10 délégués des ouvriers, sous la présidence de M. Ussing. Mais ce chiffre de membres s'accrût bientôt, et l'intérêt suscité par les travaux de la commission grandit d'une façon extraordinaire.

Les discussions durèrent assez longtemps. Cependant, en janvier 1910, deux projets de loi complètement élaborés purent être soumis au ministère de l'intérieur. La commission entière était d'accord sur la façon de traiter les conflits de nature juridique, et proposait de faire du tribunal facultatif existant une institution officielle. On était également d'accord sur la compétence et la procédure de ce tribunal.

Au sujet des différends concernant les salaires, l'unanimité ne fut pas si complète. Le président et les délégués ouvriers étaient d'avis (et cet avis prévalut) de créer une cour d'arbitrage présidée par un arbitre nommé par le ministère de l'intérieur sur les propositions de la cour. Cet arbitre aurait le droit de s'entremettre dans tous les différends et, quand il échouerait dans son intervention, d'en appeler à l'opinion publique.

L'expérience danoise se fonde donc sur les mêmes facteurs psychologiques que celle du Canada. L'arbitrage, en soi, est obligatoire ; mais les parties en lutte sont libres d'accepter ou de repousser les propositions de la cour d'arbitrage. On espère que l'opinion publique secondera si bien cette dernière que les parties adverses n'oseront que dans des cas tout à fait exceptionnels ne pas se conformer à ses décisions.

La majorité des chambres danoises appartenait, en 1910, à une coalition de conservateurs et de modérés, en face d'un ministère radical qui ne pouvait s'appuyer que sur une minorité. Or, cette majorité de droite accepta, avec quelques modifications seulement, les projets proposés par la commission, tandis que le ministère se montrait sceptique : fait caractéristique qui prouve que le patronat danois, dont l'influence sur le parti conservateur est décisive, s'est absolument rallié aux idées d'arbitrage.

Peu après la promulgation de ces deux lois eurent lieu de nouvelles élections parlementaires où le parti radical fut encore battu. Le pouvoir échut alors à un ministère modéré qui, aussitôt, se mit résolument à appliquer la loi et institua une cour d'arbitrage sous la présidence de M. Kœfœd, directeur du Bureau de statistique.

La nouvelle institution eut à fonctionner pour la première fois au printemps de 1911. De nombreux contrats de salaires étant arrivés alors à expiration, les ouvriers, de même que les fabricants se préparaient à une lutte acharnée au sujet de leur renouvellement. Les patrons avaient, sans doute, renoncé pendant des années à briser la puissance des syndicats, mais ils tenaient à conclure cette fois des contrats d'une durée de cinq ans, afin d'assurer pendant tout ce temps la « paix du travail ». Les ouvriers, par contre, ne voulaient pas se laisser enlever la possibilité d'obtenir, même durant cette période, des augmentations de salaires. La crise commerciale qui sévit au Danemark depuis longtemps déjà fournissait aux patrons de très puissants arguments pour résister aux prétentions des ouvriers. Mais ceux ci, de leur côté, pouvaient se fier à la solidité éprouvée de leurs organisations syndicales. Les pourparlers traînèrent donc en longueur et l'arbitre dut bientôt intervenir. Tout d'abord, ses efforts semblèrent infructueux et le crédit dont jouissait la nouvelle institution allait variant de jour en jour, selon la marche des négociations. Deux syndicats se montraient particulièrement rebelles à toute entente, et leur opiniâtreté aurait pu retarder encore longtemps une décision définitive.

C'est alors que l'opinion publique entra en jeu. L'impatience générale, près de se changer en exaspération, et les exhortations de la commission amenèrent les deux syndicats en question à souscrire à un accord amiable : on maintint le terme de cinq ans que voulaient les patrons, et ceux-ci accordèrent volontairement une augmentation de salaire à tous les ouvriers. Ainsi, la valeur de la nouvelle institution s'est trouvée confirmée en des circonstances particulièrement critiques pour l'industrie danoise, et ce succès fut dû précisément à la calme persévérance de la commission ainsi qu'à l'heureuse influence de l'opinion publique, facteurs qui, au Canada aussi, ont obtenu les mêmes résultats sans recourir davantage aux moyens coercitifs. Et le principe de l'arbitrage facultatif a, pour la première fois, fait ses preuves et triomphé avec ampleur sur le sol européen.

En Suède aussi, le gouvernement et l'industrie discutent actuellement l'introduction de cette institution dont la nécessité a été démontrée d'une façon irréfutable par les graves préjudices que la grève générale a causés, il y a deux ans, à la vie économique du pays. Il semble donc que les nations germaniques du Nord comprennent de plus en plus la haute portée de la belle idée conçue par leurs sœurs anglo-saxonnes.

Il faut espérer qu'il n'y a pas là une particularité ethnique, et que cette idée se réalisera aussi en France. Du reste, ainsi que nous l'avons dit, le ministère Briand a, après avoir mis fin à la dernière grève générale des cheminots, déposé un projet de loi qui, d'une part, retire à ces derniers le droit de grève et, d'autre part, confie à un tribunal d'arbitrage le soin de trancher tous les conflits entre compagnies et employés. Ce tribunal, dont la compétence serait beaucoup plus étendue que celle des tribunaux de conciliation des chemins de fer anglais, pourra rendre des décisions obligatoires pour les deux parties.

Une assez bizarre défectuosité de ce projet consiste en ce qu'il pourra être appelé des décisions du tribunal d'arbitrage à une instance supérieure, qui sera... le Parlement. C'est là une innovation qui, en pratique, créera indubitablement chez les cheminots des sentiments de méfiance et d'irritation à l'égard de la représentation nationale, et cela sans offrir aucune utilité réelle, car les décisions d'un tribunal d'arbitrage ayant à sa tête un président impartial nommé par le gouvernement seront certainement assez bien motivées pour qu'aucun parlement n'ose s'élever contre elles.

Ce projet a été étudié, depuis, par une commission de la Chambre des députés ; celle-ci a nommé rapporteur M. Millerand, et ce député distingué vient de terminer son rapport, nettement favorable à l'établissement d'un système arbitral d'après l'exemple canadien, sans les annexes fâcheuses du projet Briand.

Pour nous, nous souhaitons que, sous la bienfaisante influence de ce réformateur à larges vues, la future loi française s'inspire de ces expériences d'outre-mer que nous avons relatées au chapitre XII.

CHAPITRE XV

PERSPECTIVES D'AVENIR

Quelles conclusions pouvons-nous tirer des expériences de l'Australie, de la Nouvelle-Zélande, du Canada et de l'Angleterre ? Ces conclusions, les voici :

La fixation légale des conditions de travail et de salaires est possible, dès aujourd'hui, et elle est même tout à fait nécessaire, pour les ouvriers en chambre et pour les ouvrières de fabrique. Elle s'impose aussi de plus en plus pour les industries d'intérêt public.

Sur ces trois points, les résultats exposés dans les chapitres qui précèdent nous paraissent absolument probants. Mais pouvons-nous aller plus loin et généraliser ? Ce système est-il applicable aux industries où n'existe ni travail à domicile ni main-d'œuvre féminine, à celles qui ne sont pas d'utilité publique, bref, à toute l'industrie privée ? Peut-on réduire peu à peu à un minimum le domaine où pourront continuer à s'exercer, sans trop nuire à des intérêts essentiels, les méthodes anarchiques de la grève et du lock-out ? La loi peut-elle, soit sous la forme du comité de salaires, soit sous la forme du tribunal d'arbitrage, soit sous la forme d'une synthèse supérieure, devenir l'unique facteur réglementant les conditions de salaires et de travail ?

L'exemple de Victoria nous autorise, croyons-nous, à répondre affirmativement. Car, ainsi que nous l'avons vu au chapitre VI, les comités de salaires qui, au début, avaient été limités aux industries où prédomine le travail en chambre, furent ensuite, en présence des heureux résultats obtenus dans ce domaine restreint, étendus à toute l'industrie du pays. Une pareille extension du principe est à prévoir en Angleterre, nation de même race, ayant la même psychologie ethnique et qui en est aujourd'hui au point où Victoria se trouvait en 1895-1897. Et il y a de fortes probabilités pour que l'exemple de la Grande-Bretagne soit suivi, tôt ou tard, par les pays du continent qui, avec les projets pleins de tâtonnements que nous avons indiqués, ne sont encore qu'à la veille de cette évolution.

D'autre part, nous avons vu dans le chapitre précédent que le principe des tribunaux d'arbitrage pour les industries d'intérêt public est sur le point de s'introduire aussi en France.

Une autre tendance, dirigée dans le même sens, et très importante elle aussi, est celle représentée par les *contrats collectifs de travail* qui, en Allemagne et en Autriche, sont particulièrement répandus dans l'imprimerie, et qui, ces années dernières, ont pris aussi en France une vaste extension, surtout dans l'industrie du bâtiment.

Le parlement français est actuellement saisi d'un projet de loi reconnaissant et réglementant les contrats collectifs de travail (1). Les autorités locales s'intéressent également à ce problème. C'est ainsi que la municipalité de Nantes a, d'accord avec les patrons et les ouvriers de la ville et du département, constitué un véritable tribunal d'arbitrage qui devra juger tous les différends auxquels pourra donner lieu un contrat collectif de travail conclu entre les entrepreneurs et travailleurs du bâtiment de la Seine-Inférieure. Ce cas nous montre, avec une netteté toute spéciale, les possibilités d'évolution de ces contrats collectifs qui, sortant spontanément de la sphère des contrats privés, ne réclament d'abord que la protection accordée par la

---

(1) Voir l'article de René Simon, dans les *Documents du Progrès*, numéro de novembre 1910.

loi aux autres contrats, puis deviennent de plus en plus des institutions publiques.

En Suède aussi, où la grève générale fut, on le sait, provoquée par les dissentiments sur la façon dont devaient être renouvelés les contrats collectifs de travail, on a reconnu la nécessité d'une réglementation officielle. Le gouvernement a déposé un projet qui fait de la conclusion de ces contrats une affaire non plus simplement privée, mais à demi publique. Ce projet n'a pas encore été adopté ; mais, les dernières élections au parlement suédois ayant renforcé le parti libéral et le parti ouvrier, on peut s'attendre à voir la Suède entrer aussi dans cette voie.

Sans doute, on n'a pas encore trouvé la forme définitive qui permettra de passer du contrat collectif de travail à la véritable fixation légale des conditions de travail et de salaires. Mais de nombreux indices témoignent que l'évolution qui, en Nouvelle-Zélande, s'est acomplie par la seule intervention du pouvoir législatif, s'effectuera surtout, dans les États du continent européen, en prenant comme point de départ ces contrats collectifs et en leur donnant une plus grande portée.

En présence de toutes ces probabilités, une question se pose, assez malaisée à résoudre, du moins en apparence. Comment se fait-il que les grandes puissances européennes, avec leurs industries si développées, leur jurisprudence perfectionnée, leurs nombreuses catégories de gens appartenant aux carrières libérales et capables de juger impartialement les conflits entre divers groupes d'intéressés, — toutes choses qui devraient favoriser le principe d'arbitrage, — comment se fait-il, dis-je, que ces puissances se soient laissé dépasser par les jeunes nations industrielles d'outre-mer ? Serait-ce peut-être parce que la solution du problème était, *au point de vue technique, plus facile* là-bas que chez nous ? Certes non, et nous avons montré, au chapitre IX, que l'institution des comités de salaires s'est heurtée, en Angleterre, à moins de difficultés et s'est faite plus rapidement qu'à Victoria. Serait-ce parce que le problème ne présentait pas, en Europe, le même caractère d'urgence ? Non plus, car si graves que fussent à Victoria les inconvénients du travail à domicile, la situation des ouvriers en chambre de Paris, de Londres et de Berlin est pire encore. Quels qu'aient pu être les préjudices causés aux fermiers canadiens par les grèves d'employés de chemins de fer, une grève de ce genre a, en France ou en Angleterre, des effets incomparablement plus funestes, par suite de la plus grande variété que présente dans ces deux pays la vie économique. Et les grèves ordinaires elles-mêmes diminuent, en Europe, le revenu national de plusieurs millions, sous forme de pertes de salaires durant la cessation du travail, et causent de plus graves dommages encore à l'industrie. Donc, au point de vue de la raison, l'introduction de comités de salaires et de tribunaux d'arbitrage était encore plus à recommander en Europe qu'en Australie et en Nouvelle-Zélande.

La différence consiste surtout en ce que les classes sociales spécialement intéressées à la solution de ce problème n'ont pas, en Europe, autant d'influence que dans ces pays d'outre-mer.

En Australie et en Nouvelle-Zélande, l'action du *parti ouvrier*, très puissante sur toute la vie politique, a beaucoup contribué à faire adopter les projets de loi en question. Cependant, il faut reconnaître que ce furent des ministères libéraux et conservateurs qui instituèrent les comités de salaires de Victoria, et qu'en Nouvelle-Zélande aussi, le système des tribunaux d'arbitrage fut créé par un ministère libéral (s'appuyant, il est vrai, sur le parti ouvrier). Ce n'est que depuis deux ans que le parti ouvrier socialiste possède la majorité dans les deux chambres du parlement de la confédération australienne et qu'un ministère socialiste préside aux destinées de l'Australie. Les principaux facteurs de l'évolution que nous avons retracée remontent à une date plus lointaine et, si grande qu'ait été l'influence exercée par le mouvement ouvrier en faveur de la fixation légale des conditions de travail et de salaires, il ne faudrait pas en exagérer l'importance.

Une autre influence dont on doit tenir compte aussi est celle des *femmes* qui, obéissant à une tendance générale du caractère féminin, se prononcèrent en Nouvelle-Zélande pour le règlement pacifique des conflits du travail, tandis que, à Victoria et, en ce moment même, en Angleterre, la pitié que leur inspirait la situation des ouvriers en chambre leur faisait réclamer l'institution de comités de salaires. Notons cependant que, à Victoria, les lois décisives concernant l'introduction de ces comités furent votées de 1895 à 1905, et que les femmes n'ont obtenu qu'en 1908 le droit de vote pour les élections parlementaires. En Nouvelle-Zélande, par contre, elles possèdent ce droit depuis presque vingt ans; aussi leur influence sur la nouvelle législation fut-elle plus profonde.

En outre, la prospérité économique de l'Australie et de la Nouvelle-Zélande était certainement favorable au développement d'instincts humanitaires, particulièrement dans les milieux appartenant aux carrières libérales. Et comme, en l'absence d'une aristocratie, c'est dans ces milieux que se recrutent les gouvernants, l'idée d'assurer aux parias de la société une existence tolérable put être réalisée.

Enfin, on ignorait là-bas l'antique préjugé en faveur du libre jeu des forces économiques, préjugé qui subsiste encore en Europe et qui est un reste des luttes d'autrefois contre le féodalisme. On envisageait froidement les nécessités réelles de la vie moderne et l'on prenait les mesures nécessaires, sans se laisser terrifier par des épouvantails.

Au nombre de ces épouvantails est l'idée, assez

répandue dans les milieux influents de l'Europe, que ces mesures sont de caractère purement « socialiste ».

L'Australie et la Nouvelle-Zélande nous montrent, au contraire, que la réglementation légale des conditions de salaires et de travail est parfaitement conciliable avec le régime capitaliste de l'industrie privée, avec l'existence d'un patronat dirigeant la production conformément à ses intérêts personnels.

De leur côté, les socialistes d'Europe craignent qu'une amélioration momentanée de la condition des travailleurs n'endorme ces derniers et ne leur fasse oublier leur suprême mission. C'est encore là une appréhension non fondée, ainsi que le prouve l'avènement du parti socialiste à la direction politique de l'Australie, avènement qui eut lieu en 1910, après quinze ans de l' « endormant » système des comités de salaires et des tribunaux d'arbitrage industriel.

En réalité, la réglementation légale des conditions de travail et de salaires met fin à de graves abus du régime économique actuel, elle le perfectionne, et elle devrait donc être la bienvenue pour tous les partisans de ce système. Mais aucun régime socialiste ne pourrait non plus se passer d'elle, car la direction du processus de production dans l'intérêt de tous exige que l'Etat ait aussi la haute main dans le domaine industriel et qu'il soit l'arbitre souverain dans les questions du travail : des « grèves » de coopérateurs de la grande coopérative de production que serait, en régime socialiste, l'Etat, sont une absurdité manifeste.

De même, les craintes manifestées par les puissants syndicats anglais et par les ouvriers anglais particulièrement qualifiés, qui redoutent que l'introduction de salaires minima ne fasse tomber au niveau de la masse les salaires de l'élite, sont réfutées d'une façon indiscutable par les multiples expériences, citées aux chapitres VIII et XIII, de l'Australie et de la Nouvelle-Zélande. L'écart entre les salaires de l'élite et ceux de la masse reste toujours le même ; ces derniers augmentant, les autres augmentent aussi. Ce qui disparaît, c'est la *lutte* pour l'augmentation des salaires, et non cette augmentation.

Seuls, ceux qui, à la suite des syndicalistes français, considèrent comme une *fin en soi* l'aggravation de la lutte de classes (et de la *haine* de classes, qui en est l'accompagnement), indépendamment de ses résultats présents et de ses buts d'avenir, — buts qui peuvent être atteints tout aussi bien par une évolution harmonieuse, — ceux-là doivent évidemment être hostiles à tout ce qui substitue la raison à la passion, à tout tribunal d'arbitrage. Mais les individus professant ces opinions extrêmes ne sont pas très nombreux.

Quant aux syndicats, pris en eux-mêmes, ils ne sont pas affaiblis mais notablement fortifiés par les tribunaux d'arbitrage industriel, ainsi que le prouve l'exemple de la Nouvelle-Zélande.

Nous voyons donc que les différences entre l'Europe et les pays situés à nos antipodes, différences qui permirent à l'idée de triompher chez eux plus tôt que chez nous, ne sont nullement d'une importance capitale, que la fixation légale des conditions de travail et de salaires est aussi nécessaire en Europe qu'ailleurs et que toutes les difficultés qu'elle pourra rencontrer sur notre continent, l'Australie les a connues. Quant aux préjugés et à une certaine paresse intellectuelle propre aux nations qui ont derrière elles un long passé, ce sont là des obstacles que l'on peut, que l'on doit surmonter. Une lutte contre ces préjugés et contre cette paresse n'est pas une lutte d'intérêts — car la fixation légale des conditions de salaires et de travail est dans l'intérêt de tous —, mais une lutte des intelligences contre l'ignorance et la routine.

Aujourd'hui, la fixation des conditions de travail et de salaires est abandonnée à l'action désordonnée de forces anarchiques : demain, leur réglementation légale permettra d'agir méthodiquement, en tenant compte des points de vue sociologiques et hygiéniques.

L'intelligence et la volonté, l'action consciente de l'homme régneront dans un domaine bien humain et livré jusqu'ici à la lutte aveugle et destructrice ; l'humanité sera, ici aussi, maîtresse de ses destinées.

Une belle tâche s'offre donc à tous ceux qui veulent bannir du foyer des travailleurs toute misère inutile et servir la cause du progrès et de la civilisation.

APPENDICE

On trouvera ci-après des textes de lois et de projets
de loi présentés par divers gouvernements relativement à la fixation légale des conditions de travail et
de salaires, des décisions de comités de salaires
et de cours d'arbitrage prononcées conformément à
ces lois, et des rapports de l'inspection des fabriques
sur l'application de ces décisions. Tous ces documents
permettront au lecteur de se faire une idée exacte de
ce qui a été déjà accompli ou de ce qui est en voie de
réalisation dans ce domaine.

PIÈCE I

Avant-Projet de loi sur les comités de salaires,

présenté par M. le Ministre du Travail à la Commission permanente
du Conseil supérieur du travail, le 10 janvier 1910.

Art. 1er. — Les conseils du travail créés en vertu de la loi
du 17 juillet 1908 peuvent, par décret pris sur la proposition
du Ministre du Travail, le Conseil d'État entendu, être constitués en comités de salaires et chargés des attributions défi-
nies par la présente loi.

Le décret constituant un comité de salaires doit être précédé d'une enquête auprès des patrons et ouvriers de la
profession dans la région. Cette enquête peut, le cas échéant,
être poursuivie en même temps que la procédure d'instruction
du conseil.

Art. 2. — Peuvent être constitués en comités de salaires, mais seulement pour l'industrie et la région qu'ils représentent, les conseils du travail institués pour le moulinage et la filature de la soie, pour le tissage des étoffes, pour la confection de lingerie, broderie, vêtements, chapeaux, chaussures, fleurs artificielles. Toutefois, sauf pour le moulinage et la filature de la soie, et sauf les extensions d'attributions prévues à l'article suivant, les comités de salaires ne fonctionneront que pour le travail à domicile salarié.

Art. 3. — Les conseils du travail pourront être constitués en comités de salaires pour les industries et travaux non spécifiés au précédent article, sur la demande de patrons et d'ouvriers d'une région, si l'enquête entreprise sur cette demande fait connaître qu'elle est approuvée par la majorité des patrons et par la majorité des ouvriers intéressés.

La création d'un comité de salaires est de droit lorsqu'elle est demandée par les deux tiers des patrons et les deux tiers des ouvriers inscrits comme électeurs à un conseil du travail représentant une industrie déterminée.

Art. 4. — Peut être, dans les formes et conditions prévues à l'article 3, § 1er, reconnu comme comité de salaires tout comité ou commission mixte comprenant, en nombre égal, des représentants des patrons et des représentants des ouvriers d'une industrie déterminée et ayant fonctionné pendant une année au moins.

Art. 5. — Un décret peut mettre fin à la mission d'un conseil du travail en tant que comité de salaires, ou supprimer les attributions officielles d'un comité libre, reconnu en vertu du précédent article.

Le décret est rendu après avis de la commission permanente du Conseil supérieur du travail.

La suppression du comité est de droit lorsqu'elle est demandée par la majorité des patrons et par la majorité des ouvriers inscrits comme électeurs au conseil du travail représentant l'industrie en cause dans la région.

Art. 6. — Les comités de salaires ont pour mission de dresser des listes de salaires, à la journée ou aux pièces, des tarifs de façon concernant les professions et travaux visés par leur décret d'institution.

Seuls pourront être ainsi visés, parmi les travaux et professions de l'industrie représentée, ceux dont la rémunération est en général inférieure au salaire ordinaire des ouvriers et ouvrières non spécialistes, journaliers ou manœuvres dans la région.

Art. 7. — Les listes de salaires ou tarifs de façon sont arrêtés en séance plénière du comité, par les deux tiers des membres patrons et les deux tiers des membres ouvriers.

Si ce quorum n'est pas atteint, le comité est appelé à délibérer à nouveau sur l'affaire dans un délai de dix jours.

Il sera, à défaut d'accord, recouru à un arbitrage dans les formes prévues par les articles 7 et 8 de la loi du 27 décembre 1892 pour le recours à l'arbitrage dans les différends d'ordre collectif entre patrons et ouvriers.

Les décisions prises par les comités et les arbitres ne peuvent être attaquées que pour vice de forme ou violation de la loi.

Art. 8. — Pour déterminer les salaires, les comités de salaires pourront se faire communiquer toutes feuilles et registres de paye, tarifs, bordereaux, règlements de travail en usage dans la région ou la profession et faire appel au concours d'experts techniques.

Art. 9. — Les décisions prises par les comités de salaires ne sont applicables que lorsqu'elles ont été portées à la connaissance des intéressés par voie d'affiches apposées à la mairie des localités visées, dans l'emplacement réservé aux communications administratives.

Lorsqu'une décision d'un comité ne comportera pas de clause fixant la durée d'application des salaires prévus, ces salaires seront applicables jusqu'au moment où la décision aura été revisée par une décision nouvelle, sans que la durée de validité puisse excéder trois années.

La revision de toute décision est de droit lorsqu'elle est demandée par la majorité des patrons et la majorité des ouvriers électeurs au conseil.

Art. 10. — Dans tout établissement industriel où s'exerce une profession pour laquelle un comité a fixé des salaires, le chef d'établissement est tenu de faire afficher, en un lieu accessible aux regards, les tarifs de salaires pratiqués dans l'établissement. L'affiche indiquera que ces tarifs ont été fixés conformément à la décision du comité.

Dans tout établissement pour le compte duquel des travaux sont exécutés par des travailleurs en dehors de l'établissement, l'affiche visée ci-dessus devra être apposée dans les locaux où s'effectuent la remise des matières premières aux ouvriers et la réception des marchandises rapportées par les ouvriers après exécution du travail.

Art. 11. — Les conditions du travail arrêtées conformément à la décision d'un comité et ainsi portées à la connaissance des ouvriers seront obligatoirement applicables à titre de minimum dans l'établissement visé.

Art. 12. — Les contestations qui s'élèvent au sujet de l'application des tarifs fixés par une décision d'un comité de salaires sont de la compétence des conseils de prud'hommes.

Art. 13. — Les chefs d'industrie, directeurs, gérants ou préposés qui auront contrevenu aux dispositions de l'article 10 de la présente loi seront poursuivis devant le tribunal de simple police et passibles d'une amende de 1 à 15 francs.

L'amende sera appliquée autant de fois qu'il y aura de locaux où l'affichage prévu par ledit article 10 n'aura pas été effectué.

Art. 14. — Les inspecteurs du travail, concurremment avec les officiers de police judiciaire, sont chargés, dans les conditions déterminées par les articles 17, 20 et 29 de la loi du 2 novembre 1892 sur le travail des femmes et des enfants, d'assurer l'exécution de l'article 10 de la présente loi.

Art. 15. — Un règlement d'administration publique déterminera les mesures d'organisation et d'exécution nécessaires pour assurer la constitution et le fonctionnement des comités prévus par la présente loi et notamment la procédure d'enquête en vue de la constitution des comités et les formes dans lesquelles les décisions peuvent être attaquées ou faire l'objet de demandes en revision.

PIÈCE II

Proposition relative à la détermination
d'un minimum de salaire pour les ouvrières de l'industrie
du vêtement travaillant à domicile,

présentée le 27 juin 1910 à la commission permanente du Conseil
supérieur du travail par M. Honoré et adoptée
dans la séance du 4 juillet 1910.

Art. 1er. — Les femmes travaillant à domicile pour la confection de la lingerie, de la broderie à la main, des vêtements, chapeaux, chaussures, fleurs artificielles et tous autres travaux salariés rentrant dans l'industrie du vêtement, ne peuvent recevoir une rémunération inférieure au salaire ordinaire des ouvrières non spécialistes dans la région.

Art. 2. — Les prix de façon des travaux à domicile, fixés par tout entrepreneur de ce genre de travaux, doivent être mentionnés sur un bulletin à souche ou un carnet remis à l'ouvrière, à moins qu'ils ne soient portés sur un tarif affiché en permanence dans les locaux où s'effectuent la remise des matières premières aux ouvrières et la réception des marchandises après exécution du travail.

Art. 3. — Le conseil des prud'hommes est compétent pour juger toutes les contestations qui naîtront au sujet de la présente loi.

Art. 4. — Et à cet effet, les travaux faits à domicile étant généralement tarifés à la pièce et non au temps, les prud'hommes pourront faire des enquêtes, avec ou sans expertise, en appelant les entrepreneurs et les ouvrières à déposer devant eux dans les conditions où ils siègent d'ordinaire, en vue d'établir l'équivalence entre le prix du travail à la pièce et le prix du travail au temps.

Art. 5. — La différence constatée en moins entre le salaire des ouvrières non spécialistes et le salaire payé à une ouvrière d'habileté moyenne d'après le tarif de l'entrepreneur, devra être versée par celui-ci à l'ouvrière insuffisamment rétribuée, nonobstant toute convention contraire.

Art. 6. — Tout employeur contrevenant aux dispositions de l'article 2 pourra être poursuivi devant le tribunal de simple police et passible d'une amende de 1 à 15 francs par chaque contravention.

Art. 7. — Les réclamations des ouvrières ne seront recevables qu'autant qu'elles se seront produites au plus tard huit jours après le payement de leur salaire.

PIÈCE III

*Projet de loi déposé à la Chambre au nom
du gouvernement, le 7 novembre 1911.*

Le Président de la République française
        Décrète :

Le projet de loi dont la teneur suit sera présenté à la
Chambre des députés par le Ministre du Travail et de la
Prévoyance sociale et par le Garde des Sceaux, Ministre de la
Justice, qui sont chargés d'en exposer les motifs et d'en sou-
tenir la discussion.

Article premier.

Le chapitre premier du titre III du livre premier du Code
du travail et de la prévoyance sociale est modifié comme suit :

CHAPITRE PREMIER. — DE LA DÉTERMINATION
DU SALAIRE.

« Section I. — *Du salaire des ouvrières exécutant à domicile
des travaux rentrant dans l'industrie du vêtement.*

« Art. 32 *a*. — Toute femme exécutant à domicile des travaux de confection, de lingerie, broderie à la main, vêtements, chapeaux, chaussures, fleurs artificielles, ainsi que
tous autres travaux rentrant dans l'industrie du vêtement ne
peut recevoir une rémunération inférieure au salaire ordinaire d'une ouvrière de la région payée à la journée ou à
l'heure et non qualifiée, c'est-à-dire exécutant communément
et sans spécialisation professionnelle déterminée les divers
travaux courants de la profession.

« Art. 32 *b*. — Le tarif aux pièces appliqué aux travaux à
domicile ci-dessus visés doit être tel qu'il permette à une
ouvrière d'habileté moyenne de gagner en dix heures un
salaire égal au salaire à la journée déterminé comme il est
dit à l'article 32 *a*.

« Art. 32 *c*. — Tout fabricant, commissionnaire ou intermédiaire, faisant exécuter des travaux à domicile, doit tenir un registre indiquant le nom et l'adresse de chacune des ouvrières ainsi occupées.

« Art. 32 d. — Les prix de façon de travaux à domicile fixés par tout entrepreneur de ce genre de travaux pour les articles faits en série sont affichés en permanence dans les locaux où s'effectuent la remise des matières premières aux ouvrières et la réception des marchandises après exécution.

« Art. 32 e. — Les prix de façon applicables au travail à exécuter à domicile doivent être mentionnés explicitement sur un bulletin à souche ou un carnet remis à l'ouvrière.

« Lors de la remise du travail achevé, une mention est portée au bulletin ou au carnet, indiquant la date de l'achèvement du travail, le montant de la rémunération acquise, ainsi que la somme nette payée ou à payer après déduction de tous frais accessoires.

« Art. 32 f. — Pour faciliter l'appréciation des Conseils de prud'hommes dans la connaissance des différends qui peuvent s'élever au sujet de l'application de la présente section, les Conseils du travail peuvent dresser d'office, ou dressent sur la demande du gouvernement, le tableau des salaires à la journée ou à l'heure et le tableau des tarifs aux pièces correspondants, pour les tâches les plus usuelles, dans les professions et les régions qu'ils représentent.

« A défaut de ces constatations, les Conseils de prud'hommes peuvent, sans préjudice des attributions contentieuses qui leur appartiennent en vertu de la loi, faire des enquêtes, avec ou sans expertise, en vue d'établir les mêmes données.

« Les uns et les autres publient les résultats de leurs constatations.

« Art. 32 g. — Les Conseils de prud'hommes sont compétents pour juger toutes les contestations qui naîtront de l'application de la présente section et notamment pour redresser tous comptes de salaires inférieurs aux salaires définis à l'article 32 a.

« Toutefois, dans tous les cas où un Conseil de prud'hommes sera appelé soit à évaluer pour la première fois le chiffre d'un salaire minimum, soit à modifier son évaluation antérieure, le bureau de jugement du Conseil devra être présidé par le juge de paix dans les conditions prévues par la loi pour les jugements en cas de partage des voix.

« La différence constatée entre le salaire des ouvrières non qualifiées et le salaire payé à une ouvrière d'habileté moyenne d'après le tarif de l'employeur doit être versée par celui-ci à l'ouvrière insuffisamment rétribuée, nonobstant toute convention contraire.

« Tout employeur, entrepreneur ou sous entrepreneur, est civilement responsable, lorsque c'est de son fait que le salaire minimum n'a pas pu être payé.

« Art. 32 *h*. — Les réclamations des ouvrières touchant le tarif appliqué au travail par elles exécuté ne sont recevables qu'autant qu'elles se seront produites au plus tard huit jours après le payement de leurs salaires.

« Le délai ainsi fixé ne s'applique pas à l'action intentée par l'ouvrière pour obtenir l'exécution d'un jugement.

« Art. 32 *i*. — Les associations ou syndicats autorisés à cet effet par décret rendu sur la proposition du Ministre du Travail et de la Prévoyance sociale peuvent exercer toutes les actions civiles résultant de la présente section sans avoir à justifier d'un préjudice, à charge, si le défendeur le requiert, de donner caution pour le payement des frais et dommages auxquels ils pourraient être condamnés, à moins qu'ils ne possèdent en France des immeubles d'une valeur suffisante pour assurer ce payement.

« La disposition qui précède ne porte point atteinte aux droits reconnus par les lois antérieures aux syndicats professionnels.

« Art. 32 *j*. — Le Conseil de prud'hommes ou, à défaut, le juge de paix, à l'occasion de tout différend portant sur la rémunération d'une ouvrière effectuant à domicile quelqu'un des travaux visés à l'article 32 *a*, rend public, par affichage à la porte du prétoire ou par tout autre mode efficace de publicité, le taux constaté du salaire journalier des ouvrières non qualifiées de la profession et de la région qui a servi de base à la décision.

« Tout intéressé et tout groupement professionnel sont autorisés à prendre sans frais copie, au secrétariat du conseil de prud'hommes ou au greffe de la justice de paix, des taux des salaires ainsi constatés et à les publier. »

Art. 2.

La section première du chapitre premier du titre III du

livre premier du Code du travail et de la prévoyance sociale portera le titre de section II.

Art. 3.

Le titre V du livre premier du Code du travail et de la prévoyance sociale est modifié comme suit.

1° Après l'article 99 est inséré l'article 99 *a* suivant.

« Art. 99 *a*. — Les fabricants, commissionnaires, intermédiaires ou leurs préposés qui auront contrevenu aux dispositions de l'article 32 *c*, 32 *d* et 32 *e* du présent livre, ou porté des mentions inexactes sur les registres, affiches, bulletins et carnets prévus par lesdits articles, seront poursuivis devant le tribunal de simple police et punis d'une amende de cinq francs (5 fr.) à quinze francs (15 fr.).

« Dans le cas de contravention à l'article 32 *e*, l'amende sera appliquée autant de fois qu'il y aura de personnes à l'égard desquelles les prescriptions dudit article n'auront pas été observées, sans toutefois que le maximum puisse dépasser cinq cents francs (500 fr.).

« En cas de récidive, le contrevenant sera poursuivi devant le tribunal correctionnel et puni d'une amende de seize francs (16 fr.) à cent francs (100 fr.).

« Il y a récidive lorsque, dans les douze mois antérieurs au fait poursuivi, le contrevenant a déjà subi une condamnation pour une contravention identique.

« En cas de pluralité de contraventions entraînant ces peines de récidive, l'amende sera appliquée autant de fois qu'il aura été relevé de nouvelles contraventions, sans que le maximum puisse dépasser trois mille francs (3.000 fr.).

« Les tribunaux correctionnels pourront appliquer les dispositions de l'article 463 du Code pénal sur les circonstances atténuantes sans qu'en aucun cas l'amende, pour chaque contravention, puisse être inférieure à cinq francs (5 fr.).

« Les fabricants, commissionnaires ou intermédiaires sont civilement responsables des condamnations prononcées contre leurs préposés. »

2° L'article 107 est modifié comme suit :

« Art. 107. — Les inspecteurs du travail sont chargés, concurremment avec les officiers de police judiciaire, d'assurer l'exécution des articles 32 *c*, 32 *d*, 32 *e*, 75, 76, 77 et, en ce qui concerne le commerce et l'industrie, des articles 43,

44 et 45 du présent livre. Ils ont entrée dans les locaux définis à l'article 32 *d*, même lorsqu'il n'y est occupé ni ouvrier ni employé, et peuvent se faire représenter les registres prévus à l'article 32 *e* et les bulletins ou carnets prévus à l'article 32 *e*.

« Les contraventions auxdits articles »... etc...

Fait à Paris, le 5 novembre 1911.

Signé : A. FALLIÈRES.

Par le Président de la République :

Le Ministre du Travail et de la Prévoyance sociale,

Signé : René RENOULT.

Le Garde des Sceaux, Ministre de la Justice,

Signé : Jean CRUPPET.

PIÈCE IV

Exposé récapitulatif (rédigé par le ministère du travail) de la loi anglaise, entrée en vigueur le 1ᵉʳ janvier 1909.

TRADE BOARDS ACT. 1909.
SUMMARY OF PRINCIPAL PROVISIONS.

This Act applies to the following Trades : —
(1) Ready-made and wholesale bespoke tailoring.
(2) Paper Box-making.
(3) Machine-made Lace and Net finishing and mending or darning operations of lace curtain finishing.
(4) Certain kinds of Chain-making.

The Act may be extended to other trades by Provisional Order (I.).

The Board of Trade shall, if practicable, establish a Trade Board for each trade (or any branch of the trade) and make regulations as to its constitution (II. 1).

Trade Boards *shall* fix minimum time-rates of wages, and

may also, if they think fit, fixe general minimum piece-rates
(IV. 1). They must give three months' notice of the rates
which they propose to fix, and hear objections thereto (IV. 2).
These become obligatory after six months unless the Board
of Trade makes an order of suspension (V).

A Trade Board shall, on application by any employer, fix
a special minimum piece-rate for his workers where the
general minimum piece-rate does not apply but only the
minimum time rate is in force (IV. 5).

The effect of the above provisions as to rates is that the
employer is still left to decide, as at present, whether he shall
pay by time or piece. If he decides to pay by piece, he must
pay the minimum piece-rates if they apply (VI. and VIII., *a*),
but where they have not been fixed he will be deemed to pay
wages less than the minimum rate unless he shows that the
piece-rate of wages paid would yield, in the circumstances of
the case, to an ordinary worker at least the same amount of
money as the minimum time-rate (VIII. *b*).

Note that the employer is *not* bound to pay *every* worker a
piece-rate which will yield *her* a minimum time-rate, but
only a piece-rate which will yield an ordinary worker the
minimum time-rate. In doubtful cases the Trade Board will
have to enquire what other workers doing similar work are
earning.

The penalty for not paying the minimum rate is a fine not
exceeding £ 20 for each offence. The Court may at the same
time order that the employer shall pay the worker any
amount which he has been underpaid. It lies on the employer
to prove that he has not paid less than the minimum (VI. 4).

The Trad Board may issue a permit to a time-worker to
work at less than the minimum rate where such person is
affected by any infirmity or physical injury, if they are of
opinion that the case cannot suitably be met by employing
the worker on piece-work (VI. 3).

Members of Trade Boards.

Representative Members. — Trade Boards shall consist of
members representing employers, and members representing
workers, in equal proportions, and of the appointed members
(XI. 1). Women shall be eligible as well as men (XI. 2). The
representative members shall be elected or nominated, or

partly elected or partly nominated, as may be provided by the regulations (XI. 3).

Home Workers. — These are to be represented on the Trade Boards (XI. 3).

Members Appointed by the Board of Trade. — The number of these shall be less than half the total number of representative members. Where women are largely employed one of the appointed members shall be a woman (XIII. 2).

The Chairman shall be such one of the members of the Trade Board as the Board of Trade may appoint (XI. 4).

District Trade Committee.

A Trade Board *may* establish district Trade Committees, consisting partly of members of the Trade Board and partly of persons not being members of the Trade Board, but representing employers or workers engaged in the trade (XII. 1).

At least one appointed member shall act on each D. T. C. Employers and workers shall be equally represented. Home workers are to be represented (XII. 2). It shall act for such area as the Trade Board may determine (XII. 1).

A Trade Board may delegate to a D. T. C. any of their powers except the fixing of minimum time-rate or *general* minimum piece-rate (XII. 3).

A. D. T. C., if formed, must recommend to the Trade Board minimum times-rates, and, so far as they think fit, general minimum piece-rate for its own area (XII. 4).

Officers.

Officers shall have power to require the production of records of wages, lists of out workers and particulars. Fine for not complying with this section not exceeding £ 5 (XV.). Fine for supplying false records not exceeding £ 20, or not more than three months' hard labour (XV.).

Expenses.

Expenses of members of Trade Boards and D. T. C. incurred by them in the performance of their duties may be paid up to an amount sanctioned by the Treasury (XXI. 3).

Minor Provisions.

Where a trade is carried on to any substantial extent in Ireland there is to be a separate Trade Board for Ireland (II. 1).

Limited Operation Period. — Until the minimum rate becomes obligatory it shall only apply —

(*a*) In the *absence* of a written agreement to the contrary between employer and employed (1); or.

(*b*) If the employer gives written notice to the Trade Board that he is willing to be bound.

No contract shall be given by any Government Department or Local Authority to any employer who has *not* given notice as in (*b*) (VII.).

Proceedings. — The Board of Trade may make regulations with respect to the proceedings and meetings of Trade Boards, including the method of voting, but, subject to any regulations so made, Trade Boards may regulate their proceedings in such manner as they think fit (XI. 7).

There are a large number of further provisions with regard to which reference should be made to the Act and to regulations for each trade, when issued.

. .

Les principales dispositions de la loi anglaise sont, d'après cet exposé, les suivantes :

Elle s'applique à quatre industries : confection, fabrication des cartons, dentellerie et chaîneterie, et peut être, par décret, étendue à d'autres branches de l'industrie. Le ministère du commerce est autorisé à constituer des comités de salaires pour chacune de ces industries et à édicter les règles à suivre à cet effet.

La tâche de ces comités est de fixer *des salaires minima pour le travail à la journée et, le cas échéant, pour le travail aux pièces.* Les décisions des comités de salaires deviennent obligatoires trois mois après leur promulgation, s'il n'existe pas de conventions écrites, conclues entre ouvriers et patrons, et contraires à ces décisions (2).

---

(1) In this case the worker can recover the wages paid short, but the employer cannot be fined.

(2) Cette importante disposition se trouve à la fin de l'exposé anglais; mais elle nous semble mieux à sa place ici.

Six mois après, les décisions deviennent, même dans ce cas, absolument obligatoires, à moins que le ministère du commerce ne leur oppose son veto.

Si un patron en fait la demande, les comités de salaires sont tenus de fixer, dans les industries où il n'a été établi des salaires minima que pour le travail *à la journée*, un salaire minimum spécial pour *le travail aux pièces dans l'entreprise de ce patron* (1).

Un patron qui ne paye pas le salaire minimum fixé est passible, pour chaque contravention, d'une amende qui peut s'élever jusqu'à 500 francs. Il peut, en outre, être tenu de verser à l'ouvrier la différence entre les salaires payés et ce qui lui était dû d'après la loi. C'est au patron de faire la preuve qu'il a payé le minimum de salaire.

Les comités de salaires ont le droit de délivrer aux personnes malades ou infirmes des autorisations leur permettant de travailler pour un salaire inférieur au minimum légal, si le cas de ces personnes ne peut être convenablement solutionné en les employant aux pièces.

Composition des comités de salaires.

Chaque comité doit se composer d'un nombre égal de délégués des patrons et de délégués des ouvriers, ainsi que d'un certain nombre de membres nommés par le gouvernement. Les femmes sont électrices et éligibles. Les ordonnances réglant la marche à suivre pour la constitution des comités déterminent si les délégués des patrons et des ouvriers doivent être élus par les intéressés ou choisis dans leur sein par le gouvernement.

Les ouvriers en chambre ont droit à des délégués spéciaux ; dans toutes les industries occupant un grand nombre de femmes, un délégué au moins doit être de sexe féminin. Le nombre des membres nommés par le gouvernement, et pris en dehors des deux groupes d'intéressés, doit être inférieur à la moitié du nombre total des délégués de ces derniers. Le président est élu par le comité de salaires lui-même.

---

(1) Viennent ensuite, dans le texte anglais, des dispositions de détail moins importantes, et que nous croyons pouvoir laisser de côté.

Comités régionaux.

Chaque comité de salaires est en droit de constituer, dans les districts ou provinces, des sous-comités composés en partie de membres du comité, et en partie de tierces personnes. Ces comités régionaux peuvent recevoir du comité des pouvoirs étendus, notamment celui de fixer, en partant des salaires minima pour le travail à la journée, établis par le comité pour tout le pays, des *salaires spéciaux aux pièces pour telle ou telle entreprise*. Mais la fixation d'un salaire minimum *général* pour le travail à la journée ou aux pièces est exclusivement réservée au comité. Celui-ci peut, cependant, *sur la proposition des comités régionaux*, édicter aussi en ce sens des dispositions spéciales pour le ressort de ces comités.

Autres dispositions.

Les personnes commises à cet effet par le comité de salaires ont le droit de se faire présenter les registres de salaires, les listes d'ouvriers en chambre et toutes les pièces nécessaires au contrôle. Les tentatives de fraude sont passibles d'une amende qui peut aller jusqu'à 500 francs, ou de trois mois de prison au plus.

Les dépenses des membres du comité peuvent, sous le contrôle du Trésor, être payées sur les deniers publics.

Durant la période de six mois pendant laquelle les décisions du comité ne sont pas encore obligatoires, les patrons qui ne se conforment pas volontairement à ces décisions doivent être exclus de toutes les fournitures à faire à l'Etat et aux communes.

La procédure des comités de salaires est réglée par le ministère du commerce.

PIÈCE V

*Principales dispositions de la loi de Victoria (Australie),
promulguée en 1896 et modifiée en 1903, concernant
l'institution de comités de salaires chargés de fixer des
salaires minima et d'édicter d'autres mesures de protection ouvrière* (1).

1. La loi ne s'applique tout d'abord qu'aux districts
urbains, mais peut être étendue, par décret du gouvernement,
aux districts ruraux.

5. Aucune fabrique ne peut être ouverte sans l'assentiment
des autorités compétentes.

7. Les travaux confiés à des ouvriers en chambre doivent
être notés sur des registres spéciaux.

9. Les ouvriers en chambre de l'industrie du vêtement
doivent se faire inscrire sur les registres de l'inspection des
fabriques.

10. Des comités de salaires peuvent être constitués, par
décret du gouvernement, pour le travail en fabrique et à
domicile dans l'industrie du vêtement, de la lingerie et du
meuble, ainsi que dans la boulangerie et la boucherie.

11. Des comités de salaires peuvent être institués dans
toutes les autres industries, par décision des deux Chambres
du Parlement.

13. Les comités se composent par moitié de représentants
des ouvriers et de représentants des patrons, — le nombre
total de ces représentants pouvant varier de quatre à dix, —
et d'un président.

14. Le gouvernement a le droit de proposer les représentants des ouvriers et des patrons ; si, au bout d'un délai de
21 jours, un cinquième des patrons ou des ouvriers de l'industrie en question n'a pas protesté contre ces propositions,

(1) D'après le texte officiel publié par l'inspection des fabriques de
Victoria en 1904 (Report of the Chief Inspector of Factories, Workrooms
and Shops, Melbourne, Robt S. Brain, Government Printer).

le gouvernement peut validement procéder à la nomination
de ces personnes.

15. En cas de protestation contre la nomination par le
ministre, les représentants sont *élus* par les intéressés (ouvriers ou patrons).

16. Les membres du comité de salaires élisent un président
pris dans d'autres milieux.

18. Les membres du comité sont nommés pour trois ans.

21. Les comités peuvent fixer des salaires minima à la journée ou aux pièces, ou les deux à la fois.

22. Les comités ont également le droit de fixer la durée de
la journée de travail et le tarif des heures supplémentaires.

23. Pour la fixation des salaires minima, les comités doivent tenir compte de la nature du travail ainsi que de l'âge
et du sexe des travailleurs.

24. Les comités de salaires ont aussi le droit de déterminer
le nombre des jeunes ouvriers qui, dans chaque industrie,
peuvent être employés moyennant un salaire inférieur à
celui des ouvriers adultes.

25. Le chef de l'inspection des fabriques a le droit de délivrer à des ouvriers âgés, malades ou moins capables, des
autorisations leur permettant de travailler pour un salaire
inférieur au salaire minimum.

31. Le truck-système est interdit.

33. Il peut être fait appel des décisions des comités de
salaires à une seconde instance. Un magistrat de la Cour suprême est chargé de recevoir ces appels.

34. — Les salaires minima *dans les industries qui n'ont
été assujetties à la loi qu'après le 30 octobre 1903* ne doivent
pas être fixés à un taux supérieur à la moyenne des salaires payés
par les bonnes maisons de ces industries. (Toutes les industries où prédomine le travail en chambre ayant été dotées de
comités de salaires avant le 30 octobre 1903, ce paragraphe
ne leur est pas applicable).

35. Les patrons tout comme les ouvriers, aussi bien que
le gouvernement, ont le droit de faire appel de toute décision d'un comité de salaires à la seconde instance.

37. Il doit être adjoint au magistrat dont il a été parlé ci-
dessus deux assesseurs ayant voix consultative.

38. Ces assesseurs sont élus, l'un par les représentants des
ouvriers, l'autre par les représentants des patrons composant
le comité de salaires dont la décision est frappée d'appel.

39. Indépendamment de toutes les fixations des comités de salaires, il doit être payé à tout ouvrier de fabrique (y compris les jeunes ouvriers et apprentis des deux sexes) un salaire journalier d'au moins 3 francs.

40. Il est interdit aux patrons de recevoir des parents, pour l'apprentissage des jeunes filles dans l'industrie du vêtement et de la lingerie, des sommes d'argent qui rendraient illusoire l'obligation de rétribuer même les apprentis.

43. Les adolescents et les femmes ne peuvent être employés plus de 48 heures par semaine. Les heures supplémentaires ne sont autorisées, pour ces deux catégories de personnes, que pendant 10 jours par an au plus, et la raison de ces heures supplémentaires doit être, chaque fois, indiquée à l'inspection des fabriques.

46. Il est interdit d'occuper des enfants de moins de 13 ans.

48. Les garçons de moins de 14 ans et les filles de moins de 16 ans ne peuvent être occupés ni après 6 heures du soir ni avant 6 heures du matin.

56. Tous les magasins de vente, excepté les pharmacies, confiseries, restaurants, cafés, bureaux de tabac et magasins de marchands de journaux, doivent être fermés à sept heures du soir en semaine et à dix heures du soir le dimanche. Sur pétition émanant de la majorité des commerçants d'un district, le gouvernement peut reculer ou avancer l'heure de la fermeture.

57. Les jeunes gens de moins de 16 ans ainsi que les femmes ne peuvent, dans les magasins énumérés au § 56, être employés plus de 60 heures par semaine. Ceci s'applique aussi aux garçons et servantes de café et d'hôtel.

Dans tous les autres magasins, les vendeurs doivent avoir, en plus du congé du dimanche, au moins une après-midi de libre par semaine (à partir de 1 heure). Dans la capitale, les vendeurs (exception faite pour ceux des magasins cités au § 56) ne peuvent être employés plus de 53 heures par semaine.

65. Le travail au delà du temps fixé peut être autorisé par l'inspection des fabriques pendant 40 jours au plus par an.

67. Des sièges doivent être mis à la disposition de tous les vendeurs et de toutes les vendeuses.

PIÈCE VI

Salaires fixés par le Comité de l'industrie du vêtement.

(Texte officiel).

Factories and Shops Acts.

Determination of the Clothing Board.

In accordance with the provisions of the Factories and Shops Acts the Special Board appointed to determine the Lowest Price or Rate which may be paid to any person for wholly or partly preparing or manufacturing, either inside or outside a factory or work room, the following articles of Men's and Boy's Clothing or Wearing Apparel, namely Coats (including Overcoats and Cloaks of every description), Vests, Trousers, Jackets, and Knickerbockers, except indiarubber waterproof garments, has made the following Determination, namely :

That all other Determinations of the Board shall be cancelled and annulled, and that the following Determination shall come into operation on Monday, the 28th day of November, 1904.

Order Garments — Wages — Males.

That the lowest rate of Wages to be paid to Males engaged in the manufacture of order garments shall be as follows :—

Tailors, Cutters, Trimmers, Pressers, Machinists, 7 s. 6 d. per day of eight hours.

That the number of Apprentices or Improvers who may be employed in any factory or work-room in the Clothing Trade shall be as follows :—

Males.

One Apprentice or Improver to every three Males or fraction thereof employed in a factory or work-room, and being paid not less than 7 s. 6 d. per day or piece-work rate, provided that said Males be so employed continuously in the said factory or work-room for nine successive months, except in the case of any person or persons commencing business,

when the provision respecting the employment of such Males
for the past nine months shall not be enforced.

That the rate of Wages to be paid to Male Apprentices or
Improvers engaged in the manufacture of order garments
shall be as follows : —

Apprentices.

			s. d.	
First year's experience at trade	...		2 0	per week of 48 hours
Second	"	"	...	5 0	"	"
Third	"	"	...	7 6	"	"
Fourth	"	"	...	12 6	"	"
Fifth	"	"	...	17 6	"	"
Sixth	"	"	...	25 0	"	"
Seventh	"	"	...	35 0	"	"

Improvers.

First month's experience at trade	...	2 6	"	"
Next eleven month's experience at trade	10 0	"	"
Second years' experience at trade	...	12 6	"	"
Third	"	"	..	15 0	"	"
Fourth	"	"	...	17 6	"	"
Fifth	"	"	...	25 0	"	"
Sixth	"	"	...	30 0	"	"
Seventh	"	"	...	35 0	"	"

And thereafter 11 1/4 d. per hour or £ 2 5 s. per week of 48 hours

That any male person over the age of sixteen years who
may be employed in the manufacture of Coats (including
Overcoats and Cloaks of every description), Vests, Trousers,
Jackets and Knickerbockers, for more than 48 hours per
week, shall be paid for such extra hours at the rate of time
and a half.

Piece-work rates for order garments — males.

That the lowest price or rate of payment to any Male person for wholly preparing or manufacturing any article of the
description referred to in the following schedules of prices
or rates, or for doing work of the kind specified in connexion
with the preparation or manufacture of any such article,
shall be the price or rate fixed by such schedules in respect
of such article or work, as the case may be, subject to such
extras or reductions as by the said schedules provided.

Schedule of Rates—Coats.

Items Included in Making Price of Coats. Fitting up; Three Pockets except where less are specified. All Edges, Pockets, and Buttons to be stayed; Pocket Tacks by hand; Canvas through Fore-parts; Lapels and Collar padded by hand; Edges singlestitched; Three Plies of Wadding on Shoulder-points; One Puff in each Scye; all Linings Felled, Six Rows of stitching in side of Body Coats, Holes and Buttons, Pressed-off. Pockets to be Two-plait, and One Inside Breast Pocket in Body Coats; and Two Outside and One Inside Pockets in all other Coats, except where specified.	Price for Making Wholly by Hand.		When any of the undermentioned parts are done by Machine, the price of each and every Individual part or parts so done are to be deducted from the price for Making Wholly by Hand.			
	1st Class.	2nd Class.	Under Arm Seams.	Waist Seams.	Lapel Seams or Seaming on Facing.	Side Seams.
	£ s. d.	£ s. d.	d.	d.	s. d.	s. d.
B. D. Dress Coat	1 10 0	1 10 0	2½	5	0 5	0 5
S. B. Frock Coat, with ordinary Collar	1 7 6	1 5 10	2½	5	0 5	0 5
S. B. Frock Coat, with stand Collar	1 5 10	1 4 2	2½	5	0 5	0 5
D. B. Frock Coat	1 10 0	1 8 4	2½	5	0 5	0 5
S. B. Beaufort, Shooting, or Paget Coat	1 5 0	1 3 4	2½	5	0 5	0 5
S. B. Cover Coat (not to exceed 36 inches in length)	1 0 0	0 18 4	—	—	0 10	0 5
S. B. Chesterfield or Ulster (not to exceed 42 inches in length)	1 5 0	1 3 4	—	—	1 3	0 10
S. R. Inverness or Centennial (lined)	1 3 4	1 1 8	—	—	1 3	0 10
S. B. Inverness or Centennial (unlined)	1 0 10	0 19 2	—	—	1 3	0 10
S. B. Sac (lined)	0 19 2	0 17 6	—	—	0 10	0 5
Norfolk Jacket, three plaits, one belt	1 1 8	1 0 0	—	—	0 10	0 5
Eton Jacket, one pocket (36 inches or under chest measure from ole to button)	0 15 0	0 13 4	—	—	0 5	0 5

***

PRINCIPALES DISPOSITIONS DU TEXTE CI-DESSUS.

Conformément à la loi de 1896 sur les fabriques et en vertu
des pouvoirs conférés au comité pour fixer des salaires

minima à la journée et aux pièces (travail à l'atelier et travail à domicile) pour tous les travaux concernant la fabrication des vêtements d'hommes et d'enfants, le comité de salaires a pris les décisions suivantes, qui entreront en vigueur le 25 novembre 1901.

I. — *Salaires des ouvriers employés par les tailleurs sur mesures.*

Pour les ouvriers employés par les tailleurs sur mesures, le minimum de salaire à la journée est fixé à 9 fr. 40 pour la journée de huit heures.

Le nombre des apprentis ne doit pas dépasser le tiers de celui des ouvriers.

Les apprentis et les jeunes ouvriers doivent recevoir au moins les salaires suivants :

1. — Apprentis :

La première année,	3 fr. 15 par semaine de 48 heures.		
» deuxième »	6 fr. 25	» » »
» troisième »	9 fr. 40	» » »
» quatrième »	15 fr. 60	» » »
» cinquième »	21 fr. 85	» » »
» sixième »	31 fr. 25	» » »
» septième »	43 fr. 75	» » »

2. — Jeunes ouvriers :

Le premier mois,	3 fr. 15 par semaine de 48 heures.		
Les 11 mois suivants,	12 fr. 50	» » »
La seconde année,	15 fr. 60	» » »
» troisième »	18 fr. 75	» » »
» quatrième »	21 fr. 85	» » »
» cinquième »	31 fr. 25	» » »
» sixième »	37 fr. 50	» » »
» septième »	43 fr. 75	» » »

Apprentis et jeunes ouvriers doivent au bout de la septième année de travail, recevoir le plein salaire indiqué ci-dessus pour les ouvriers de sexe masculin.

II. — *Heures supplémentaires.*

Toute heure de travail supplémentaire doit être payée à un taux supérieur de 50 0/0 à la moyenne du salaire à l'heure.

III. — *Salaires aux pièces.*

Les salaires aux pièces pour la confection des divers vêtements occupent 38 pages de texte compact. On distingue s'il s'agit de vêtements plus ou moins élégants (de 1re ou de 2e classe) et l'on tient compte du fait que tels ou tels travaux peuvent être exécutés à la machine. Ainsi, d'après le tableau reproduit ci-dessus, la façon d'un frac se paie 37 fr. 50, celle d'un costume de chasse de première classe 31 fr. 25, celle d'un costume de chasse de seconde classe 29 francs, celle d'une jaquette de première classe 18 fr. 75, celle d'une jaquette de seconde classe 10 fr. 60, etc., etc.

PIÈCE VII

Décisions du comité de salaires de la lingerie pour femmes.

(Traduction résumée d'après le texte officiel.)

Le comité a fixé comme date d'entrée en vigueur des dispositions suivantes le lundi 26 juillet 1899.

A. — *Salaires à l'heure.*

Les ouvriers et ouvrières adultes de cette industrie doivent toucher un salaire minimum de 40 centimes l'heure (et une somme correspondante pour les fractions d'heure).

Le nombre des apprentis et des jeunes ouvrières ne recevant pas le plein salaire minimum ne peut dépasser la moitié de celui des ouvriers à plein salaire. Ces apprentis et ces jeunes ouvrières doivent recevoir, durant leurs premiers six mois de travail, au moins 3 fr. 10 par semaine, dans le second semestre au moins 5 francs et, la seconde année, au moins 8 francs par semaine. Ce salaire minimum doit être, la troisième année, de 11 fr. 25, la quatrième année, de 15 francs, la cinquième, de 18 fr. 75 et, après cela, de 20 francs par semaine ou de 40 centimes l'heure.

B. — *Salaires aux pièces.*

L'industrie de la lingerie pour femmes comprend tant d'objets différents, chacun de ceux-ci peut être fabriqué de façons si variées et cette fabrication peut comporter tant d'opérations diverses qui, à leur tour, peuvent être exécutées soit à la main, soit à la machine, que le comité a renoncé à établir lui-même les salaires aux pièces. Il a préféré laisser aux divers patrons le soin de fixer ces salaires de façon que tout ouvrier travaillant aux pièces puisse gagner au moins 40 centimes par heure. Le salaire doit être net, sans aucune déduction pour la fourniture des matières brutes, cette fourniture devant être entièrement aux frais des patrons.

Le 5 juin 1899.

Le président : M. Balfe.

PIÈCE VIII

Décisions du comité de salaires de la boulangerie.

(Traduction résumée d'après le texte officiel.)

Le comité a décidé, toutes les décisions antérieures étant annulées, que les salaires en vigueur dans la boulangerie seront les suivants :

1. Les chefs d'équipe devront recevoir au moins 1 fr. 40 par heure ou 67 fr. 50 par semaine de travail de 48 heures ; les autres ouvriers seront payés à raison de 1 fr. 30 l'heure ou de 62 fr. 50 par semaine de 48 heures.

2. Les apprentis doivent recevoir, la première année, au moins 9 fr. 35, la seconde 12 fr. 50, la troisième 18 fr. 75, la quatrième 25 francs, la cinquième 31 fr. 25 par semaine de travail.

Le nombre des jeunes ouvriers ne touchant pas plein salaire ne doit pas dépasser le cinquième de celui des ouvriers à plein salaire. Les jeunes ouvriers de moins de 18 ans doivent gagner, la première année, 12 fr. 50, la seconde 18 fr. 75, la

troisième 25 francs et, la quatrième, 37 fr. 50 par semaine ;
les jeunes ouvriers de plus de 18 ans doivent recevoir, la première année, 18 fr. 75, la seconde 25 francs, la troisième
31 fr. 25, la quatrième 37 fr. 50 par semaine, et, après cela,
le salaire minimum indiqué ci-dessus.

Tous les ouvriers boulangers de plus de 16 ans occupés
pendant plus de 48 heures par semaine doivent recevoir, en
plus du prorata de salaire auquel ils ont droit pour ces heures
supplémentaires, une indemnité de 0 fr. 30 par heure.

Ces dispositions entreront en vigueur le 6 mai 1905.

Melbourne, le 27 janvier 1905.

Le président : Jas. Thomas.

<hr>

PIÈCE IX

*Décision du comité de salaires des ouvriers travaillant
le bois.*

(Traduction résumée d'après le texte officiel.)

1. La décision du comité, en date du 25 mars 1905, cessera
d'être en vigueur le 3 juillet 1905 et sera remplacée par les
dispositions suivantes :

2. Le salaire minimum par semaine de travail de 48 heures
est : *a)* pour les ouvriers qui fabriquent des caisses, de 56 fr. ;
b) pour les menuisiers, suivant leur spécialité, de 63 fr. 75
75 francs ou 65 francs ; *c)* pour les mécaniciens, suivant leur
spécialité, de 75 francs, 67 fr. 50, 68 fr. 75, 56 francs ou
57 fr. 50 ; *d)* pour les chefs d'équipe qui ont sous leurs ordres
des ouvriers gagnant 82 fr. 50 par semaine, 93 fr. 75 ; pour
ceux qui ont sous leurs ordres des ouvriers gagnant 80 fr.,
87 fr. 50, etc. ; *e)* pour les journaliers, 52 fr. 50 ; pour les
manœuvres, 45 francs ; *f)* pour les mécaniciens qualifiés,
suivant leur spécialité, 75 ou 71 francs, etc. ; *g)* pour les
peintres, suivant leur spécialité, 60 ou 62 fr. 50, etc. ; *h)* pour
les forgerons, suivant leur spécialité, 67 fr. 50 ou 65 fr., etc.

3. Le nombre des ouvriers qui ne touchent pas le salaire
minimum ne doit pas dépasser le quart de celui des ouvriers

adultes, et ce jusqu'à concurrence de 24 jeunes ouvriers ; au delà de ce chiffre, les jeunes ouvriers ne peuvent être employés que dans la proportion de un pour huit ouvriers adultes.

Pour les apprentis, le minimum de salaire hebdomadaire doit être, la première année, de 6 fr. 25, la seconde, de 12 fr. 50, la troisième, de 18 fr. 75, la quatrième, de 25 francs et, la cinquième, de 31 fr. 25. Les jeunes ouvriers doivent recevoir, la première année, 9 fr. 35, la seconde, 15 fr. 60, la troisième, 21 fr. 85, la quatrième, 31 fr. 25, la cinquième, 43 fr. 75 et, ensuite, le plein salaire des ouvriers adultes.

Pour les heures supplémentaires, il doit être payé aux adultes le prorata du salaire à l'heure, augmenté de 25 0/0 ; aux apprentis et aux jeunes ouvriers le prorata de leur salaire à l'heure, plus une indemnité de 60 centimes par heure.

(Suit le tableau des salaires minima pour le travail aux pièces.)

Melbourne, le 30 mai 1905.

Le président : F.-H. Bolton.

PIÉCE X

Rapports de l'inspection des fabriques sur le fonctionnement et les résultats des divers comités de salaires (1).

A. — Rapport sur l'œuvre du comité de salaires de la lingerie pour dames durant ses premiers mois d'existence.

(Résumé du texte officiel.)

Le nombre des ouvriers et des ouvrières en chambre étant, dans cette industrie, plus du cinquième du nombre total des travailleurs, ouvriers et ouvrières en chambre avaient, d'après la loi, le droit d'envoyer au comité un représen-

(1) Reports of the Chief Inspector of Factories, Work-rooms and Shops (1898-1905). Robt S, Brain, Government Printer, Melbourne.

tant spécial. Mais, le jour fixé pour l'élection des délégués
ouvriers, il ne put être élu que quatre représentants des
ouvriers et ouvrières de fabriques, le nombre des votants
parmi les ouvriers et ouvrières en chambre ayant été insuffisant. Le représentant de ces derniers dut donc être nommé
par le gouvernement. Le comité se constitua le 24 février
1897 ; il choisit pour président un avocat et pour secrétaire
une inspectrice des fabriques. La grande diversité des travaux
pour lesquels il fallait fixer des salaires aux pièces causa au
comité de graves difficultés. De plus, des divergences d'opinion ont surgi entre ses membres, si bien que les délibérations traînent en longueur et que l'on est actuellement très
pessimiste au sujet des résultats de ce comité.

B. — Rapport sur l'œuvre
de ce même comité au cours de l'année suivante (1898).
(Résumé du texte officiel.)

Le rapport résume l'œuvre de ce comité en 1897 et ajoute
qu'on ne parvint pas à se mettre d'accord. Ses membres don-
nèrent leur démission collective en mai 1898. Il fut constitué
en août un nouveau comité, présidé par un conseiller municipal.

Ce comité n'est pas arrivé non plus à une décision définitive, mais les perspectives pour l'année prochaine sont meilleures. Un résultat positif est d'autant plus urgent que cette
industrie est celle où, de tout temps, l'ouvrière à domicile a
été le plus exploitée. Miss Tate, inspectrice de fabriques, cite,
entre autres exemples, le cas d'un grand magasin de Melbourne :
« J'ai interrogé, dit-elle, une ouvrière en chambre qui faisait
des corsets pour ce magasin ; le prix de la façon était de
1 fr. 85 la douzaine ; sur ce prix, l'ouvrière devait payer son
coton et ses frais de tramways, si bien qu'il lui restait, comme
salaire journalier, sensiblement moins que cette somme ».
Un autre grand magasin paye la douzaine de blouses 2 fr. 50 ;
or, une bonne ouvrière ne peut guère en faire, à la machine,
qu'une douzaine par jour, et encore en se surmenant.

C. — Rapport sur l'œuvre du même comité en 1900.
(Résumé du texte officiel.)

Le comité de salaires prit une décision positive le 20 juin
1899, sous la présidence du conseiller municipal M. Balfe.

Puis, le mandat de ce comité étant arrivé à expiration le 1er août 1900, il fallut en constituer un nouveau ; mais celui-ci réélut le même président et ne modifia en rien les décisions du précédent.

Le minimum de salaire fut fixé à 10 centimes l'heure, ou 20 francs par semaine, pour les ouvriers des deux sexes, et il fut dressé, pour les apprentis et les jeunes ouvriers, une échelle de salaires de 3 fr. 10 à 18 fr. 75 par semaine.

Le comité, jugeant impossible, vu la grande diversité des travaux, de déterminer lui-même les salaires aux pièces, décida de laisser à chaque patron le soin de fixer ces salaires dans son entreprise, mais en posant comme condition que ces salaires aux pièces permettent à un ouvrier ou à une ouvrière d'habileté moyenne de gagner 40 centimes l'heure (1).

La moyenne des salaires dans cette industrie était, avant la promulgation de cette décision, de 14 fr. 35, tandis qu'elle s'est élevée cette année à 14 fr. 75 (et même à 20 fr. 85, si on laisse de côté les jeunes ouvriers et ouvrières).

L'application des salaires minima dans les ateliers ne s'est heurtée à aucune difficulté. En ce qui concerne les salaires aux pièces (surtout pour les ouvriers en chambre), les résultats sont encore problématiques, bien que la situation se soit, ici aussi, améliorée.

Les différences dans le travail sont trop grandes pour qu'un comité puisse jamais, sur ce point, prendre des décisions s'appliquant à tous les cas. On ne peut qu'imposer au patron de faire la preuve que les salaires aux pièces, tels qu'il les a fixés, répondent bien aux salaires à l'heure établis par le comité, ce qui ne garantit pas toujours une exactitude parfaite.

Miss Mead, inspectrice des fabriques, dit avoir constaté fréquemment que les bonnes ouvrières gagnaient plus que le salaire minimum, et n'avoir relevé que de rares infractions à la loi (paiement de salaires inférieurs au minimum légal).

Le rapport de Miss Mead rappelle les raisons pour lesquelles le comité n'a pu fixer les salaires aux pièces, et elle fait observer que ces salaires, même quand ils répondent réellement aux salaires à l'heure prescrits par la loi, sont avantageux pour le patron, celui-ci faisant l'économie du loyer

____

(1) Cf. le texte de la décision.

d'un atelier, etc., tandis que l'ouvrière en chambre a des dépenses d'éclairage, de chauffage, etc.

« Cependant, les ouvrières sont unanimes à reconnaître que les salaires aux pièces sont indubitablement meilleurs cette année qu'auparavant. Quelques-unes déclarent que leur gain a doublé. Une ouvrière en chambre me dit, par exemple, qu'elle touche maintenant 3 fr. 10 pour un travail qui, l'an dernier, lui était payé 1 fr. 50. Une autre reçoit maintenant 4 fr. 60 nets, le fil étant fourni par le fabricant, pour un travail qui ne lui rapportait auparavant que 2 fr. 25, sur lesquels elle devait payer son fil ». Etc.

Miss Thear, inspectrice des fabriques, signale aussi une amélioration dans la situation des ouvrières en chambre. Sans doute, ces ouvrières sont, à égalité de salaires, moins avantagées que les ouvrières de fabrique, puisque ces dernières n'ont pas de frais ; mais ce point est de peu d'importance en présence du fait que, jadis, les ouvrières en chambre étaient *beaucoup plus mal payées* que les ouvrières de fabrique.

Tous les ouvriers en chambre ont été tenus, de par la loi, de se faire inscrire sur les registres de l'inspection des fabriques. Miss Mead a vu 500 ouvrières en chambre et toutes (sauf une) se sont conformées sans aucune difficulté à cette injonction de la loi.

PIÈCE XI

Rapport de l'inspection des fabriques sur l'œuvre du comité de salaires de l'industrie du vêtement, jusqu'à la fin de 1898.

(Résumé du texte officiel.)

Le comité étant arrivé à une décision (1) le 15 novembre 1897, la période de son activité que nous avons à étudier est donc de 13 mois.

(1) Voir le texte de cette décision avec les salaires à l'heure et aux pièces.

La moyenne du salaire qui, pour les ouvriers de sexe masculin, n'avait augmenté, de 1896 à 1897, que de 60 centimes (de 44 francs à 44 fr. 60), et, pour les ouvrières de fabrique, seulement de 35 centimes (de 18 fr. 25 à 18 fr. 60), s'est élevée en 1898, sous l'influence de cette décision, à 49 fr. 35 (soit une augmentation de 5 fr. 35) pour les hommes, et à 22 fr. 75 (soit une augmentation de 4 fr. 50) pour les femmes. La moyenne générale a augmenté de 3 fr. 50, ce qui ne laisse aucun doute sur l'heureuse action du comité de salaires.

D'autant plus intéressant est le fait, souligné par l'inspection des fabriques, que, malgré cela, les prix payés par le public n'ont pas subi d'augmentation sensible.

C'est que les salaires des ouvriers ne constituent, dans la totalité des frais de production, qu'une grandeur relativement peu importante, et ces frais n'ont pas été considérablement accrus par les décisions du comité.

L'application de ces décisions, principalement chez les tailleurs sur mesures, n'a pas rencontré de difficultés notables. Le travail en chambre et les salaires aux pièces étant ici la règle presque générale, l'ouvrier, même âgé et moins habile, peut continuer à travailler comme par le passé ; il n'est pas exposé à se voir congédié sous le prétexte que le labeur qu'il peut fournir ne vaut pas le salaire minimum.

On craignait que les affaires ne se ralentissent et que, par suite, les patrons ne restreignent leur personnel. Mais ces craintes, dit le rapport, ne se sont pas réalisées. Au contraire, le nombre des personnes occupées dans l'industrie du vêtement s'est élevé de 4.320 à la fin de 1897 à 4.484 (ou, d'après d'autres indications, à 4.678) en 1898.

Miss Cuthbertson, inspectrice des fabriques, rapporte que, dans les premiers temps qui suivirent la décision du comité, beaucoup de patrons exigèrent de leurs ouvriers une telle rapidité de travail que ceux-ci pouvaient à peine les satisfaire ; cet inconvénient disparut plus tard : de meilleures machines furent introduites et, quand les ouvriers se furent habitués à leur maniement, ils purent effectivement répondre au désir, fort légitime du reste, qu'avaient les patrons de récupérer les frais occasionnés par le relèvement des salaires. En somme, on peut dire que les ouvriers doivent certainement travailler d'une façon plus soutenue, mais qu'ils sont mieux payés et

occupés plus régulièrement ; aussi la satisfaction est-elle,
parmi eux, générale.

Le nombre des ouvriers en chambre travaillant pour les
tailleurs sur mesures n'a guère diminué. Mais il n'en est pas
de même dans la confection. Ici, le travail à domicile a fait
place souvent au travail à l'atelier, le salaire minimum à
l'heure étant plus avantageux pour le patron que les nouveaux
salaires aux pièces fixés par le comité et qui sont de beaucoup supérieurs à ceux que l'on payait autrefois.

Pour beaucoup d'ouvriers en chambre, le seul changement
a été d'exécuter à l'atelier la besogne qu'ils faisaient auparavant chez eux, et ceux-là ne cessent de déclarer qu'ils n'ont
jamais été aussi heureux que maintenant. Tout d'abord, il
leur parut un peu étrange d'être obligés de se rendre à l'atelier, mais ils comprirent bientôt combien ce nouveau mode
de travail était préférable à l'ancien avec ses journées de
labeur démesurément longues par rapport aux salaires.

Par contre, beaucoup de ces ouvriers durent chercher une
autre occupation ; d'autres encore, particulièrement des
femmes mariées qui ne considéraient leur travail à domicile
que comme un gagne-pain temporaire, y renoncèrent complètement. La nouvelle loi a pu donner lieu à quelques
plaintes, elle a pu être préjudiciable à quelques individus,
mais ces cas-là sont rares en comparaison de ceux où elle a
eu d'heureuses conséquences.

Miss Tate, inspectrice des fabriques, écrit dans son rapport :

« Dans mon district, les ouvriers en chambre travaillant à
la confection ont presque totalement disparu. Les plus habiles
des ouvrières en chambre ont été attirées par les patrons dans
leurs ateliers ; les autres se sont dirigées vers d'autres
métiers ».

Une autre inspectrice, Miss Thear, rapporte également que,
dans la confection, le nombre des ouvriers en chambre a fortement diminué. Mais elle ne croit pas qu'il en soit résulté
beaucoup de misère individuelle. La plupart des ouvrières en
chambre ont trouvé à s'occuper ailleurs.

L'inspecteur Kingsbury dit : « Avant la promulgation de la
nouvelle loi, j'ai souvent rencontré, dans l'industrie du vêtement, des ouvrières qui, travaillant en atelier, ne gagnaient
que de 12 fr. 50 à 18 fr. 75 par semaine. Ces mêmes personnes
gagnent maintenant de 25 à 31 francs par semaine ».

PIÈCE XII

*Rapport sur l'œuvre du comité de salaires
de la cordonnerie.*

(Traduction résumée du texte officiel).

Le comité prit une première décision le 29 décembre 1897 et fixa le minimum de salaire hebdomadaire à 45 francs pour les hommes et à 25 francs pour les femmes.

Le 18 juillet 1898, ce minimum fut porté à 52 francs pour les hommes. Cependant la moyenne du salaire des ouvriers de sexe masculin (y compris les jeunes ouvriers) resta à peu près la même qu'auparavant, soit 43 francs environ. Par contre, cette moyenne passa, pour les ouvrières, de 18 fr. 25 à 19 francs. Les décisions du comité furent appliquées presque sans difficultés. Il n'a été constaté qu'un petit nombre d'infractions sous forme de paiements de salaires inférieurs, et il semble hors de doute que la grande majorité des patrons s'est entièrement soumise à la loi.

L'inspecteur Hall note que, l'an dernier, la fabrication a pris une plus grande extension, et que chaque année apporte plus de calme et de stabilité dans l'application de la loi.

L'inspectrice Miss Tate constate aussi que, depuis que la nouvelle loi existe, plusieurs fabricants de son district ont notablement agrandi leurs entreprises. Ils se conforment de plein gré aux décisions du comité. Miss Tate est convaincue que la plupart des fabricants seraient les premiers à regretter un retour à l'ancien état de choses.

PIÉCE XIII

*Rapport sur l'œuvre du comité de salaires
de la boulangerie.*

(Traduction résumée du texte officiel).

La première décision (1) de ce comité entra en vigueur le
3 avril 1897.

La moyenne du salaire hebdomadaire était, en 1896, de
40 francs ; l'an dernier, sous l'influence de la loi, cette
moyenne s'est élevée à 53 francs, soit une augmentation de
13 francs.

Il y a eu quelques plaintes au sujet de boulangeries qui ne
payaient pas le minimum de salaire ; mais, en général, l'application de la loi ne s'est heurtée à aucune difficulté sérieuse.
L'inspecteur Ellis déclare que la plupart des patrons boulangers se conforment absolument à la loi. Quelques-uns cependant s'entendent avec leurs ouvriers pour la tourner. Mais il
est impossible d'agir là-contre, car on ne peut espérer que
les ouvriers déposent contre leurs patrons. L'inspecteur
Martin dit qu'il n'a pu, au cours de nombreuses inspections
de nuit dans des boulangeries, relever aucune infraction à
la loi.

PIÈCE XIV

*Rapport sur l'œuvre du comité de salaires des ouvriers
travaillant le bois.*

(Traduction résumée du texte officiel).

Le comité prit une décision le 15 avril 1901 (2).

La moyenne du salaire hebdomadaire a, sous l'influence de

(1) Voir, page 118 de l'appendice, les salaires minima fixés par le
comité.

(2) Voir, page 119 de l'appendice, les salaires définitivement fixés
en 1905.

cette décision, passé de 41 francs en 1900 à 53 fr. 50 en 1901, soit une augmentation de 12 fr. 50.

L'inspecteur Hall rapporte que la grande variété des travaux en usage dans cette industrie a nécessité des inspections spéciales dans les divers ateliers, afin de contrôler en détail l'application de la loi. Mais, depuis que ces inspections ont lieu, la loi est absolument respectée.

L'inspecteur Kingsbury dit que, dans son district, les salaires minima sont strictement pratiqués. Un certain nombre d'ouvriers âgés et qui, incapables de lutter contre leurs camarades plus jeunes, n'auraient pu continuer à être occupés s'il avait fallu leur payer le salaire minimum, ont reçu l'autorisation de travailler à plus bas prix.

La disposition de la loi qui permet de délivrer, dans certains cas, des autorisations de ce genre, est particulièrement appréciée.

En général, la décision du comité est approuvée sans réserves, et les grandes firmes surtout se montrent absolument disposées à s'y conformer.

L'inspecteur Powell (de Ballarat) note que les patrons et les ouvriers de son district se plaignent que les villes de province ne soient pas suffisamment représentées dans le comité. Lors de l'élection, elles ont été submergées sous le grand nombre des suffrages émis à Melbourne, et le comité, dans sa décision, ne s'est inspiré que de la situation existant dans la capitale. Cependant, l'ouvrier qui gagne à Melbourne 12 fr. 50 par jour est moins bien payé que celui de Ballarat qui ne touche que 11 fr. 25.

———

PIÉCE XV

Rapport sur l'œuvre du comité de salaires de l'imprimerie.
(Traduction résumée du texte officiel).

Une première décision fut prise le 1er janvier 1902, une seconde le 4 août 1902.

La moyenne des salaires pour les hommes s'est élevée, à Melbourne, de 46 fr. 35 en 1901 à 50 fr. 85 en 1902.

L'inspecteur Bishop déclare que, depuis un an que les décisions du comité sont en vigueur, leur application a, en somme, été tout à fait satisfaisante. Ces décisions n'ont pas amené de changements essentiels dans les principales imprimeries de la capitale, celles-ci payant déjà auparavant des salaires élevés. Dans les faubourgs, au contraire, le rapport entre le nombre des jeunes ouvriers et celui des ouvriers adultes s'est modifié à l'avantage de ces derniers et, par suite, la moyenne des salaires a monté. Ces maisons ont été forcées de hausser leurs salaires jusqu'au niveau de ceux que payaient les grandes et bonnes firmes.

PIÈCE XVI

*Remarques générales tirées des rapports de l'inspection
des fabriques.*

A. — *Mesures d'exception en faveur des ouvriers âgés*
(Extrait des rapports de 1903).

L'opinion, fréquemment émise, que les comités de salaires sont préjudiciables aux ouvriers âgés ou infirmes, n'est nullement confirmée par les observations des inspecteurs de fabriques. Au contraire, ces ouvriers bénéficient aussi de l'existence d'un minimum de salaire. Ils reçoivent des autorisations leur permettant de travailler à meilleur marché que leurs camarades. Mais ces autorisations indiquent d'une façon précise le prix qui doit leur être payé. Ils ne peuvent donc être exploités par des patrons assez inhumains pour abuser de leur vieillesse ou de leur infirmité.

Actuellement, il a été délivré en tout 227 autorisations de ce genre. De l'avis des inspecteurs, ces ouvriers gagnent aujourd'hui de meilleurs salaires qu'avec l'ancien système. Les ouvriers âgés trouvent plus facilement du travail dans les industries où il existe des comités de salaires que dans celles qui ne sont pas encore assujetties à la loi.

B. — *Statistique des fabriques et des ouvriers de Victoria.*

Le tableau suivant donne le nombre des fabriques et des ouvriers occupés dans ces fabriques depuis l'entrée en vigueur du *Factories and Shops Act* de 1885 :

On comptait en 1886, 1.919 fabriques occupant 39.506 personnes.
—   1887, 2.182   —   41.083   —
—   1888, 2.383   —   43.285   —
—   1889, 2.522   —   47.223   —
—   1890, 2.507   —   47.813   —
—   1891, 2.548   —   46.649   —
—   1892, 2.443   —   40.319   —
—   1893, 2.243   —   35.263   —
—   1894, 2.515   —   34.268   —
—   1895, 2.573   —   36.027   —
—   1896, 3.370   —   40.814   —
—   1897, 3.739   —   45.178   —
—   1898, 3.777   —   45.844   —
—   1899, 3.895   —   49.546   —
—   1900, 4.050   —   52.898   —
—   1901, 4.238   —   56.945   —
—   1902, 4.252   —   59.440   —
—   1903, 4.325   —   57.767   —
—   1904, 4.436   —   61.977   —

C. — *Industries pour lesquelles il existait en 1904 des comités de salaires* (d'après le rapport de 1905) :

Il existait, en 1904, 38 comités de salaires (1) en activité et 38.000 ouvriers, sur un chiffre total de 61.977 ouvriers de fabriques, par conséquent environ les deux tiers de ceux-ci, étaient placés sous le nouveau régime.

Les plus importantes industries possédant des comités de salaires étaient les suivantes :

Cordonnerie, installations électriques, boulangerie, brasserie, boucherie, industrie du bâtiment, fabrication des cigares, industrie du vêtement, tannerie, fonderie, conserves, orfèvrerie, confiserie, poterie, imprimerie, sellerie, lingerie pour hommes, lingerie pour dames, taille des pierres, menui-

---

(1) En 1906, ce nombre s'élevait à 49 et, en 1908, à 71, s'étendant à 75.000 ouvriers (sur un chiffre total de 79.000) ; ces comités existent maintenant dans presque toutes les industries du Victoria.

serie, engrais chimiques, briqueterie, tonnellerie, gravure, forges, etc.

Tous ces comités, sauf un (celui des forges), ont promulgué des décisions définitives. L'inspection des fabriques peut dire de ces décisions qu'elles sont bien observées et que, après les difficultés des premières années, les inspecteurs ont beaucoup moins de peine à faire appliquer les salaires minima fixés par les comités.

PIÉCE XVII

Principales dispositions de la loi canadienne concernant les tribunaux d'arbitrage facultatif pour les industries d'intérêt public (1).

ART. 2. — La loi s'applique aux mines, chemins de fer, tramways et bateaux à vapeur, télégraphes et téléphones, éclairage au gaz et à l'électricité, usines hydrauliques et usines électriques. Les entreprises occupant moins de 10 ouvriers ne sont pas assujetties à la loi.

ART. 5. — Patrons et ouvriers ont également, en cas de conflit, le droit de demander au ministère du travail la nomination d'une commission d'enquête.

ART. 6. — Le ministère juge si la loi est applicable au cas qui lui est soumis, et sa décision est définitive. Dans l'affirmative, il ordonne la constitution de la commission d'enquête.

ART. 7. — Chaque commission doit se composer de trois membres nommés par le ministre. Deux de ces membres doivent être nommés sur la proposition des parties en cause, le troisième sur la proposition de ces deux membres.

---

(1) An Act to aid in the Prevention and Settlement of Strikes and Lockouts in Mines and Industries connected with Public Utilities.

Les numéros des articles ont été laissés tels que dans l'original.

Le texte anglais comprenant 16 pages, nous n'avons pu reproduire ici que les articles les plus importants.

Art. 8 (4). — Si les deux représentants des parties ne peuvent se mettre d'accord sur le choix du troisième membre impartial, celui-ci est choisi par le ministre. Ce troisième membre préside la commission.

Art. 11. — Les personnes unies à l'une des parties en cause par un intérêt financier quelconque ne peuvent être membres de ces commissions.

Art. 13. — Les demandes de constitution d'une commission d'enquête doivent être accompagnées d'une déclaration affirmant que, de l'avis des pétitionnaires, le conflit risque d'entraîner une grève ou un lock-out.

Art. 17. — Ces demandes doivent être adressées à un département spécial du ministère du travail.

Art. 23. — La commission d'enquête est autorisée, d'une part, à mettre en lumière toutes les questions de fait et de droit ainsi que toutes les considérations d'équité qui plaident pour ou contre la demande formulée ; de l'autre, à essayer un accord à l'amiable entre les deux parties.

Si l'accord se fait et s'il est signé par les deux parties en cause, il prend force de loi. Si l'on n'arrive pas à un accord, la commission envoie le dossier au ministère.

Art. 26. — Le rapport de la commission d'enquête doit donner de toute l'affaire un tableau intelligible même pour un profane, ainsi que l'exposé exact des circonstances concomitantes.

S'il existe un rapport émanant de la minorité, ce rapport doit être annexé à celui de la commission.

Art. 28. — Le ministre est autorisé alors à transmettre la décision non seulement aux deux parties en cause mais à tous les journaux du pays et à la répandre de toutes les façons, afin que le public surtout en aie connaissance et puisse, d'après cette décision, se faire une opinion fondée.

Art. 29. — La décision doit être publiée en même temps dans la *Labour Gazette* officielle.

Art. 32. — La commission d'enquête a le droit de se faire présenter les livres ; mais elle est tenue d'en garder secret le contenu, à moins que la publication de certains faits ne lui paraisse être dans l'intérêt public.

Art. 41. — Les avocats des parties en cause sont admis aux débats devant la commission d'enquête ; mais ils peuvent être exclus par le vote de la partie adverse ou par la commission elle-même.

ART. 46. — Les décisions sont prises à la majorité (deux voix contre une).

ART. 56. — Il est interdit de déclarer la grève ou le lock-out *avant* que la commission d'enquête ait rendu sa décision. *Après* la publication de cette décision, les deux parties sont libres d'agir à leur guise.

Patrons et ouvriers sont tenus, pour toute modification qu'ils se proposent d'apporter au contrat de travail, ou aux salaires, ou aux conditions de travail, d'en donner avis 30 jours d'avance à l'autre partie.

S'il en résulte un conflit et la nomination d'une commission d'enquête, la modification projetée ne doit pas être faite avant qu'une décision ait été rendue.

ART. 58. — Les patrons qui, contrairement à la loi, déclareront un lock-out *avant* que la décision de la commission ait été publiée, seront frappés d'une amende de 250 à 5.000 fr. par jour de lock-out.

ART. 59. — Les ouvriers qui feront grève illégalement, *avant* la publication de la décision, seront passibles d'une amende de 50 à 250 francs par jour de grève.

ART. 60. — Quiconque provoquera à ces grèves ou lock-outs illégaux sera passible d'une amende de 250 à 5.000 fr.

ART. 61. — Ces peines seront infligées selon une procédure sommaire.

ART. 62. — Si les deux parties déclarent, *avant la promulgation de la décision*, qu'elles entendent s'y soumettre absolument, cette décision prend, une fois rendue, *force de loi*.

Dans ce cas, il n'est plus permis de se révolter contre la décision, même *après* sa publication, en déclarant la grève ou le lock-out.

ART. 63. — Si, dans une industrie n'ayant pas un caractère public et qui, par suite, ne rentre pas obligatoirement dans le domaine de la loi, deux parties adverses demandent que leur cas soit soumis à une commission d'enquête, il doit être donné suite à leur demande, et toutes les règles indiquées ci dessus lui sont applicables.

PIÈCE XVIII

*Rapport du ministère canadien du travail sur les travaux
de la commission d'enquête réunie le 21 décembre 1909,
sur la demande des télégraphistes et agents des gares du
Great Trunk Railway (1).*

Le 3 décembre 1909, le ministère fut prié d'instituer une
commission d'enquête pour vider un différend qui mettait
aux prises la compagnie du Great Trunk Railway et 760
de ses télégraphistes et agents des gares. Il s'agissait principalement d'une question de salaires.

La commission se réunit le 21 décembre 1909 et, le 24 février suivant, elle rendit compte de ses travaux : ceux-ci
aboutirent à un accord entre les parties, et la grève put être
évitée.

Voici les passages essentiels du compte rendu :

« La commission se composait de MM. Walter Nesbitt,
W. P. J. Lee et du soussigné. La compagnie était représentée
par son président, M. Charles M. Hays, son vice-président et
son secrétaire général ; les employés, par M. D. Campbell,
vice-président de l'association des télégraphistes, et cinq
autres personnalités. La commission tint neuf séances. Les
représentants des employés demandaient, entre autres choses,
un nouveau règlement pour la nomination aux emplois
vacants, l'application au travail fait le dimanche du tarif des
heures supplémentaires, la journée de dix heures dans les
bureaux comprenant un ou deux télégraphistes, et la journée
de huit heures dans les bureaux en comprenant davantage,
enfin une augmentation de salaires de 12,5 à 17 0/0 pour les
diverses catégories d'employés.

Le représentant de la compagnie répondit que celle-ci était
prête à consacrer chaque année 80.000 francs au relèvement
des salaires, mais qu'elle se réservait la répartition de cette
somme : quant aux autres revendications, il lui était impos-

(1) Reports of the Department of Labour for the fiscal year ending
March 31, 1910. Ottawa, 1910. P. 159.

sible de les accepter. Après réplique et duplique des parties, la commission fixa à l'unanimité les salaires minima suivants :

Pour les agents des gares chargés en même temps du service du télégraphe, sur la ligne principale : 275 fr. par mois (ou 250 fr. avec logement, éclairage et chauffage); sur les embranchements : 255 fr. (ou 230 fr. avec logement, éclairage et chauffage). Pour les simples télégraphistes : sur la ligne principale : 250 fr. par mois ; sur les embranchements : 230 francs par mois, etc.

Tandis que cette décision fut prise à l'unanimité, une seconde concernant un relèvement de 6 0/0 pour les autres salaires, ne le fut qu'à la majorité, le président et l'assesseur représentant les ouvriers ayant voté contre l'assesseur représentant la compagnie ; ce dernier, dans son rapport ne proposait que les salaires minima indiqués ci-dessus et une somme de 60.000 francs pour augmenter les appointements des autres employés. La majorité de la commission recommanda en outre d'accorder aux télégraphistes le paiement du travail du dimanche d'après un tarif modéré pour heures supplémentaires.

Signé : J. E. ATKINSON, président. »

Le 28 février, le ministère fut informé que les employés étaient prêts à accepter les décisions de la commission. Le 7 mars, la compagnie faisait savoir qu'elle acceptait les décisions de la commission prises à l'unanimité et qu'elle était, en outre, disposée à restreindre dans la mesure du possible le travail du dimanche. Elle se déclarait prête aussi à consacrer à l'amélioration des salaires une somme supérieure à la différence entre une augmentation de 6 0/0 de tous les salaires et la dépense nécessitée par les nouveaux salaires minima ; mais les décisions de la commission prises seulement à la majorité lui paraissaient inacceptables. Elle entendait aussi ne pas répartir d'une façon purement mécanique la somme consacrée à l'amélioration des salaires, mais en tenant compte des mérites individuels des employés, et indépendamment des salaires minima réclamés à l'unanimité par la commission et acceptés par la compagnie.

Ces propositions ayant été adoptées tacitement par les employés, il n'y eut pas grève.

PIÈCE XIX

*Principales dispositions de la loi néo-zélandaise
sur les tribunaux de conciliation et les cours d'arbitrage
obligatoire pour les conflits du travail (1).*

Art. 5. — Les syndicats ouvriers comprenant au moins sept membres, et les unions patronales composées d'au moins deux membres peuvent réclamer leur inscription sur la liste des unions industrielles.

Art. 11. — Pour prévenir l'inutile multiplication de ces unions industrielles, le fonctionnaire chargé de les enregistrer peut refuser l'inscription d'une union patronale ou d'un syndicat ouvrier si ceux-ci font double emploi avec une union ou un syndicat déjà existant dans le district et appartenant à la même industrie.

Art. 12. — En se faisant inscrire, les unions industrielles s'engagent, ainsi que leurs membres, à se soumettre à toutes les décisions de la juridiction d'arbitrage décrite ci-dessous et toute contravention à ces décisions les rend passibles d'une amende.

Art. 25. — Les contrats collectifs de travail conclus entre des syndicats ouvriers et des unions patronales, s'ils sont officiellement enregistrés, ont force de loi pour les deux parties.

Art. 35. — Afin d'aplanir les différends résultant de ces contrats collectifs ou même, simplement, des rapports entre employeur et employé, il est institué des tribunaux de conciliation dans tous les districts du pays.

Art. 37. — Les tribunaux de conciliation se composent d'assesseurs élus les uns par tous les syndicats ouvriers du

____

(1) An Act to consolidate certain Enactments of the General Assembly relating to the Settlement of Industrial Disputes by Conciliation and Arbitration. 1908.

Ce texte, entré en vigueur en 1908, est une refonte de lois antérieures et comprend, dans l'original, 38 pages d'impression ; nous n'en avons donc traduit (en les résumant) que les articles contenant les dispositions véritablement saillantes ; mais nous avons respecté la numérotation des divers articles.

district, les autres par toutes les unions patronales du même district, — les représentants des deux parties étant en nombre égal, — et d'un président nommé par tous les assesseurs.

La durée du mandat est de trois ans.

Art. 46. — Si l'élection ne peut se faire, les membres du tribunal de conciliation sont nommés par le gouverneur de la Nouvelle-Zélande.

Art. 48. — Toutes les décisions du tribunal sont prises à la majorité absolue des assesseurs. En règle générale, le président ne vote pas, mais, en cas d'égalité de suffrages, c'est lui qui décide.

Art. 53. — Tous les syndicats ouvriers et unions patronales du district ont, en cas de conflit, le droit de s'adresser au tribunal de conciliation. Les patrons peuvent défendre leur cause en personne ou par l'intermédiaire d'un représentant, les syndicats ouvriers par des délégués quelconques ; mais ces représentants ou délégués ne peuvent être des avocats, à moins que les *deux* parties n'y consentent.

Art. 54. — Le tribunal de conciliation a pour mission de mettre en lumière tous les faits concernant le conflit, et d'amener un accord entre les parties. Il peut entendre des témoins et faire prêter serment aux comparants, mais il ne peut exiger la présentation des livres.

Le tribunal peut aussi constituer un sous-comité pour des cas particuliers.

Si l'accord se fait, il est enregistré sur un registre spécial et devient obligatoire pour les deux parties. Dans le cas contraire, le tribunal est autorisé à formuler, dans un rapport détaillé, son opinion sur le conflit.

Art. 59. — Si cette décision du tribunal de conciliation ne paraît pas acceptable aux deux parties, chacune d'entre elles peut en appeler à une cour d'arbitrage dont la juridiction s'étend à toute la Nouvelle-Zélande.

Si l'accord n'a pas lieu dans le délai d'un mois à partir de la promulgation de la décision du tribunal, cette décision prend force de loi.

Art. 60. — Les parties en cause ont le droit de se retirer *avant* les débats devant le tribunal de conciliation et de réclamer que l'affaire soit portée immédiatement devant la cour d'arbitrage (1).

____

(1) Cette disposition, prise dans des lois antérieures et insérée dans

Art. 62. — Comme seconde instance fonctionne une cour d'arbitrage pour tout le pays.

Art. 64. — Cette cour d'arbitrage se compose de trois conseillers nommés par le gouverneur. Un de ces conseillers doit être pris parmi les magistrats sur le point d'être nommés juges à la Cour suprême.

Art. 66. — Les deux autres assesseurs doivent être nommés l'un sur la présentation des syndicats ouvriers, l'autre sur la présentation des unions patronales de la Nouvelle-Zélande.

Art. 76. — La cour d'arbitrage est compétente pour tous les conflits industriels portés devant elle.

Art. 80. — Les parties peuvent se faire représenter devant la cour d'arbitrage par des avocats.

Art. 81. — La liberté d'appréciation de la cour d'arbitrage n'est soumise à aucune restriction. Il ne peut être interjeté appel de ses décisions.

Art. 83. — La cour d'arbitrage a le droit de se faire présenter les livres de commerce, mais elle est tenue d'en garder secret le contenu.

Art. 84. — La présence de deux assesseurs au moins est nécessaire pour que la cour puisse prendre une décision valable. Le président vote aussi et sa voix est prépondérante.

Art. 85. — La cour d'arbitrage est autorisée à confier à une commission d'experts l'étude préalable de certains conflits.

Art. 86. — La cour peut se refuser à juger un conflit, si celui-ci lui paraît sans importance ; elle peut alors condamner aux frais la partie appelante.

Art 87. — La cour a toute liberté pour déterminer, dans sa décision, par qui doivent être supportés les dépens du procès ; mais les frais d'avocat d'une partie ne peuvent jamais incomber á la partie adverse.

Art. 90. — Les décisions de la cour d'arbitrage doivent indiquer pour quelles parties et pour quels districts elles sont obligatoires, ainsi que le temps durant lequel elles devront être appliquées. Cependant, une fois ce temps écoulé,

le texte de 1908, amena un tel encombrement devant la cour d'arbitrage qu'il fallut, le 10 octobre de la même année, rétablir l'obligation de s'adresser toujours, en première instance, aux tribunaux de conciliation dont les pouvoirs furent étendus.

la décision reste en vigueur jusqu'à ce qu'elle soit modifiée par une nouvelle décision.

Les syndicats ouvriers et les unions patronales du district qui n'ont pas pris part au procès, mais qui appartiennent à la même industrie, sont également tenus de se soumettre à la décision.

La cour d'arbitrage peut cependant restreindre à telles ou telles localités l'application de ses décisions.

Art. 92. — Tout ouvrier employé par un patron à qui la décision s'applique est également tenu de s'y conformer et peut, en cas de contravention, être frappé d'une amende de 250 francs au maximum, et cela même s'il n'appartient pas à un des syndicats visés par cette décision.

Art. 97. — La cour d'arbitrage doit déterminer d'une façon précise les actes qui devront être considérés comme des infractions à ses sentences, et elle doit aussi fixer les amendes (jusqu'au maximum de 12.500 francs) à infliger pour des infractions.

Art. 98. — La cour d'arbitrage a le droit de fixer des salaires minima et d'édicter des dispositions spéciales pour les ouvriers infirmes et moins capables ; dans ce dernier cas, elle doit indiquer par qui seront délivrées à ces personnes les autorisations de travailler à un salaire inférieur.

Art. 100. — Les inspecteurs de fabriques sont appelés à contrôler l'application des décisions de la cour d'arbitrage. Ils peuvent, à cet effet, réclamer qu'on leur présente les livres de commerce, mais ils sont tenus d'en garder secret le contenu vis-à-vis d'autres personnes que leurs supérieurs.

Art. 101. — La cour d'arbitrage décide aussi, dans les divers cas, les amendes à imposer pour les diverses infractions.

Les caisses des syndicats ouvriers et des unions patronales sont responsables du paiement de ces amendes. Si la caisse ne peut payer, les membres sont responsables individuellement, mais seulement jusqu'à concurrence de 250 francs chacun.

Art. 103. — Ces peines sont infligées suivant une procédure sommaire.

Art. 109. — Il est interdit, sous peine d'amende, à un patron de congédier un ouvrier uniquement parce qu'il fait partie d'un syndicat.

Art. 111. — Tout patron qui déclare un lock-out, et tout

ouvrier qui se met en grève alors qu'il existe pour son industrie une décision arbitrale, commet une infraction à la loi et est passible d'une amende. Celle-ci ne peut dépasser 250 francs pour les individus et 2.500 francs pour les unions patronales ou les syndicats ouvriers.

Art. 121. — Les chemins de fer de l'État sont également soumis à la juridiction de la cour d'arbitrage.

PIÈCE XX

Décision de la Cour d'arbitrage néo-zélandaise concernant les conditions de travail et de salaires dans la sellerie (1).

Dans le conflit entre le syndicat des ouvriers selliers de la ville de Wellington et des environs, et les patrons désignés ci-dessous (suivent 120 noms), la Cour, après avoir entendu les intéressés et apprécié tous les faits qui lui ont été exposés, a pris les décisions suivantes, lesquelles auront force de loi du 3 avril 1911 au 3 avril 1913. Toute contravention à ces décisions sera punie d'une amende de 2.500 francs au maximum.

A. — *Durée du travail.*

La semaine de travail doit être de 48 heures.

Les ouvriers doivent avoir, en plus du repos du dimanche, une après-midi de libre par semaine (à partir de 1 heure); cette après-midi doit être, à Wellington, celle du samedi; dans les autres localités du district, celle d'un jour quelconque. Toutes les heures de travail exécutées en plus de ces 48 heures, ou les jours fériés, sont considérées comme heures supplémentaires et rétribuées d'après le tarif suivant:

Pour les quatre premières heures supplémentaires par semaine : 25 0/0 en plus du salaire habituel de l'heure;

(1) Wellington Saddlers Award. — Department of Labour. Awards Agreements and Decisions under the Industrial Conciliation and Arbitration Act. Wellington, 1911.

Pour les deux heures suivantes, 50 0/0 en plus du salaire habituel de l'heure ;

Pour les autres, ainsi que pour les heures faites le dimanche ou durant les après-midi libres, le double de ce salaire.

Si un ouvrier manque, par sa faute, des heures de travail, ces heures lui seront retenues préalablement à toute rétribution pour heures supplémentaires.

B. — *Salaires.*

Les ouvriers adultes de sexe masculin doivent recevoir un salaire minimum de 1 fr. 35 l'heure. (Suivent les fixations de salaires pour les divers travaux aux pièces, lesquelles comprennent, dans le texte original, 17 pages d'impression).

C. — *Ouvriers pouvant travailler pour un salaire inférieur au minimum.*

Tout ouvrier qui se juge incapable de gagner le salaire minimum peut demander à l'inspecteur des fabriques du district l'autorisation de travailler à plus bas prix.

Ces autorisations ne doivent, en général, être accordées que pour six mois au plus ; cependant, s'il s'agit de personnes âgées et infirmes, l'inspecteur peut leur délivrer des autorisations d'une plus longue durée. Le secrétaire du syndicat peut aussi autoriser un ouvrier à travailler pour un salaire inférieur au minimum fixé. Les patrons sont tenus de se faire présenter ces autorisations par les ouvriers qu'ils veulent occuper dans ces conditions.

D. — *Apprentis.*

Les patrons qui désirent employer un apprenti sont tenus par la loi de le mettre effectivement à même d'apprendre le métier. Ils doivent, en outre, payer à ces apprentis :

la première année, au moins   9 fr. 35 par semaine.
la seconde   —   —   12 fr. »   —
la troisième —   — 18 fr. 75   —
la quatrième —   — 28 fr. 10   —
la cinquième —   — 37 fr. 50   —

Un apprenti doit être conservé même quand les affaires vont moins bien, à moins que d'autres patrons n'acceptent de le prendre. Les conventions contraires conclues par écrit avec les parents de l'apprenti avant la promulgation de la présente décision resteront en vigueur ; si ces conventions n'ont pas été faites par écrit, les présentes dispositions devront être appliquées.

Au bout de la cinquième année d'apprentissage, le jeune ouvrier peut encore être employé six mois au salaire minimum de 43 fr. 75 par semaine, et les six mois suivants à 56 fr. 25 par semaine.

E. — *Ouvrières.*

Le salaire minimum des ouvrières doit être :

la première année, de. . . . .   9 fr. 35 par semaine.
la seconde   —   . . . . 14 fr. 35   —
la troisième   —   . . . . 21 fr. 85   —
la quatrième   —   . . . . 31 fr. 25   —
le premier semestre de la cinquième
   année, de . . . . 37 fr. 50   —
le second semestre de la cinquième
   année, de . . . . 43 fr. 75   —

et, à partir de la sixième année de 1 fr. 25 l'heure. Le nombre des apprentis et des ouvrières ne peut jamais dépasser les deux tiers de celui des ouvriers adultes de sexe masculin.

F. — *Préférence à accorder aux ouvriers syndiqués.*

Tant que les statuts du syndicat des ouvriers selliers permettront à tout ouvrier sobre, jouissant d'une bonne réputation, de devenir membre de ce syndicat moyennant un droit d'entrée de 6 fr. 25 et une cotisation de 60 centimes par semaine, les patrons seront tenus d'employer, de préférence aux autres, les ouvriers syndiqués si ceux-ci ont les mêmes aptitudes que les ouvriers non syndiqués qui pourraient s'offrir.

Nul patron ne peut, lorsque les affaires marchent mal et qu'il lui faut licencier une partie de son personnel, commencer par renvoyer d'une façon partiale les ouvriers syndiqués.

Cependant, les patrons qui occupent des non-syndiqués ne sont pas tenus de les renvoyer.

Tous les ouvriers, syndiqués ou non, doivent recevoir les mêmes salaires.

G. — *Remarque finale.*

Cette décision est principalement fondée sur les propositions du tribunal de conciliation. Une entente s'est établie
entre les parties, avant la décision formelle de la Cour d'arbitrage, au sujet des questions sur lesquelles on n'avait pu se
mettre d'accord devant le tribunal de conciliation (salaires
minima et préférence à accorder aux ouvriers syndiqués). Les
salaires aux pièces ont été aussi fixés d'accord avec les
parties.

Signé : W. A. Sim, juge (1).

(1) Président de la Cour d'arbitrage.

BIBLIOGRAPHIE [1]

N.-B. — Les plus importants documents originaux sur lesquels s'appuie cette étude sont indiqués en italiques.

A. — FRANCE.

Office du travail : Enquête sur le travail à domicile dans l'industrie de la lingerie. Tome V. Paris, 1911.

Bulletin de l'Office du travail. 4ᵉ S. An. 1911. Nº 4.

Benoist, Charles : Les ouvrières de l'aiguille à Paris. Paris, 1895.

D'Haussonville : Le travail des femmes à domicile. Paris, 1909.

Compain, L.-M. : La femme dans les organisations ouvrières.

De Mun : Proposition de loi relative à l'institution de comités

(1) Tous les livres et documents figurant dans cette bibliographie se trouvent dans la bibliothèque de l'Institut international pour la diffusion des expériences sociales, et peuvent être prêtés gratuitement à tous les membres de cet Institut. S'adresser au bibliothécaire, M. Ganzenmuller, 59, rue Claude-Bernard, Paris.

Au moment de mettre ce livre sous presse, nous recevons de M. Paul Boyaval une étude qu'il a écrite sur : " *La lutte contre le sweating-system, le minimum légal de salaire, l'exemple de l'Australasie et de l'Angleterre* ", avec préface du comte Albert de Mun.

Ce livre nous paraît surpasser tout ce qui a été publié jusqu'à présent en langue française sur ce problème spécial, non seulement par son étendue de 718 pages, mais par la richesse d'une documentation minutieuse.

Autant qu'un coup d'œil rapide nous a permis de le constater, les conclusions que l'auteur tire d'un grand nombre de documents jusqu'ici inédits en langue française, sont identiques à celles auxquelles nous arrivons en cette étude. Le livre de M. Boyaval nous paraît donc une preuve nouvelle de la justesse des revendications auxquelles notre étude est consacrée.

Le livre de M. Boyaval est édité par la librairie Félix Alcan et est vendu en librairie au prix de 12 francs. Nous tenons cet ouvrage, gracieusement, à la disposition de nos membres.

professionnels chargés d'établir des salaires minima pour les
travailleurs à domicile. Conseil sup. du Travail, séance du
10 juin 1910. Paris, 1910.

Mény, G. : Le Travail à domicile. Paris, 1910.

Gemähling Paul : Travailleurs au rabais. La lutte syndicale contre
les sous-concurrences ouvrières. Paris, 1910.

Chabosseau, A. : La réglementation du travail des femmes et des
enfants aux Etats-Unis. Paris, 1911.

Compte rendu du Conseil supérieur du Travail. 20e session, novembre 1910. Paris, 1911.

Leys, Louise-L. : Le relèvement de l'industrie rurale, Revue des
Deux-Mondes. 81. An. 1911. Tome II. No 1.

Honoré : Salaire minimum pour les ouvrières à domicile. Rapport au Conseil supérieur du Travail. Paris, 1910.

Cotelle, Théodore : Le " Sweating-System ". Angers, 1904.

Métin, Albert : Le Socialisme sans doctrines en Australie et Nouvelle-Zélande. Paris, 1910.

B. — Suisse.

De Maday, André : Enquête sur le travail à domicile chez les
bijoutiers du canton de Genève. Saint-Blaise, 1911.

Résolutions finales du premier congrès général suisse pour la
protection des ouvrières à domicile. Zurich, 1909. (Manuscrit.)

Lorenz, Jac. : Die wirtschaftlichen und sozialen Verhältnisse in der
schweiz. Heimarbeit. Zurich, 1910.

C. — Allemagne et Autriche.

Reichstag, 12e période législative, 2e session, 1909-10. No 237 :
Projet de loi sur le travail à domicile.

Reichstag, 37e séance, mercredi 16 février 1910. Première discussion de la loi sur le travail à domicile.

Reichstag, 12e période législative, 2e session, 1909-10. No 554 : Rapport de la 12e commission pour la discussion de la loi sur le
travail à domicile.

Schwiedland, Dr. Eugen : Vorberichte über eine gesetzliche Regelung der Heimarbeit. Beil. 10 zu den Protokollen der Handels-
und Gewerbekammer Wien, 1897.

Compte rendu du Congrès des ouvriers allemands à domicile. Berlin, 1911.

Hausindustrie und Heimarbeit in Deutschland und Österreich.
Band IV. Leipzig, 1899.

Lüders, Else : Heimarbeitsfragen in Deutschland. Bericht an die
Internationale Vereinigung für gesetzlichen Arbeitsschutz. Berlin, 1910.

Bericht der k. k. Gewerbeinspektion über die Heimarbeit in Österreich. Wien, 1900. Bd. I, II, III.

Wilbrandt, Dr. Robert : Arbeiterinnenschutz und Heimarbeit.
Jena, 1906.

Die Wohnungs- und Gesundheitsverhältnisse der Heimarbeiter in
der Wäschekonfektion. K. k. Arbeitsstatistisches Amt. Wien
1901.

Hainisch, Dr Michael : Die Heimarbeit in Österreich. Bericht der
Internationalen Vereinigung für gesetzlichen Arbeiterschutz.
Wien 1906.

Projet de loi sur le travail à domicile, présenté par le gouvernement autrichien. (Texte officiel.)

Koch, Heinrich : Die deutsche Hausindustrie. München-Gladbach.
1905.

Hausindustriepflege. Schrift des II. Internat. Mittelstandskongresses. Wien 1908.

Wilbrand, Dr. Robert : Die Weber in der Gegenwart. Hausweberei
und Webefabrik. Jena 1906.

Von Zwiedinek-Südenhorst, Dr. Otto : Lohnpolitik und Lohntheorie
mit besonderer Berücksichtigung des Minimallohnes. Leipzig
1900.

D. — ANGLETERRE.

Cadbury, E., and Shann, G. : Sweating. London.

Fourth Annual Report of the National anti-sweating League. Manchester 1910.

Smith, Constance : The case for Wages Boards. London.

Markham, Miss Violet R. : The factory and shop acts of the British
Dominions. London.

*Quatre ordonnances du ministère du commerce constituant des
comités de salaires, et quatre décisions de ces comités. (Textes
officiels.)*

E. — CANADA.

Reports of the Department of Labour of Canada. Ottawa 1907,
1908, 1909, 1910.

The Labour Gazette. Vol. X, 1910, No. 12. Vol. VII, 1906, No. 6.
   Ottawa 1910
Industrial Disputes Investigation Act. 6-7. Edw. VII. House of
   Commons of Canada. Ottawa 1907.
Memorandum of Industrial Disputes Investigation Act of Canada,
   1907 and operations of the same Department of Labour, 1911.
   (Manuscrit.)

F. — NOUVELLE-ZÉLANDE.

Annual Reports of the Department of Labour of New-Zealand.
   1905, 1909, 1910, 1911.
Industrial Conciliation and Arbitration Amendement. 1910, No. 68.
   1908, No. 239.
Department of Labour. Vol. XII, part 1; vol. XII, part 3;
   vol. XII, part. 4. Wellington 1911.

G. — AUSTRALIE.

Western Australia. Second annual report of the Trade Unions.
   Year 1903. Perth 1904.
Western Australia. Annual Report of the proceedings under the
   Industrial Conciliation and Arbitration Act 1902. Perth 1903.
Minutes of Evidence taken before the Royal Commission on the
   factories and shops acts. Melbourne 1901.
*Victoria. Report of the Royal Commission of the factories and
   shops law of Victoria. Melbourne 1902-3.*
Victoria. Reports of the Chief Inspector of factories, worksrooms
   and shops. Melbourne 1896, 1897, 1898, 1899, 1900, 1901, 1902,
   1903, 1904, 1905, 1906, 1907, 1908, 1909, 1910.
Victoria. Supplement of the Government Gazette. 1905. No. 30,
   47, 91, 114, 121, 128, 138, 141, 155, 161.
Une trentaine de décisions de comités de salaires (textes officiels) et
   de nombreux mémoires et articles des journaux australiens et
   néo-zélandais.

E. — ETATS-UNIS.

Bulletin of the Bureau of Labour. No. 86. 1910. Washington
   1910.

TABLE DES MATIÈRES

Bar-le-Duc. — Imprimerie Ed. Jolibois, 55, Boulevard de la Banque.

INSTITUT INTERNATIONAL
pour la Diffusion des Expériences sociales

Une cotisation annuelle de quinze francs en France (1) — ou de vingt francs à l'étranger — (cinq francs en France — ou huit francs à l'étranger — pour les personnes qui sont déjà abonnées aux *Documents du progrès*) donne droit :

1° Aux *Documents du progrès* (revues et autres publications).

2° A l'usage gratuit du bureau international de renseignements sur les réformes faites dans le monde entier.

3° Au prêt — également gratuit — de toutes les revues étrangères qui parviennent aux bureaux de l'Institut international pour la diffusion des expériences sociales.

4° A l'entrée libre à toutes les conférences organisées par l'Institut international.

5° A l'entrée libre aux congrès internationaux organisés par l'Institut international.

Pour toute demande de renseignements, s'adresser au secrétariat général de l'Institut international pour la diffusion des expériences sociales, 59, rue Claude-Bernard, à Paris.

(1) Dix francs pour les membres de l'enseignement, des universités populaires et des syndicats ouvriers.

 Bar-le-Duc. — Imp. Ed. Jolibois, 55, boulevard de la Banque.